De donde soy

De donde soy

JOAN DIDION

Traducción de Javier Calvo

LITERATURA RANDOM HOUSE

Penguin
Random House
Grupo Editorial

Título original: *Where I Was From*

Primera edición: junio de 2022

© 2003, Joan Didion
Reservados todos los derechos
© 2022, Penguin Random House Grupo Editorial, S.A.U.
Travessera de Gràcia, 47-49. 08021 Barcelona
© 2022, Javier Calvo, por la traducción

Algunas partes de esta obra fueron publicadas en versiones anteriores en
The New York Review of Books, Esquire y *The New Yorker*

Printed in Spain — Impreso en España

ISBN: 978-84-397-3975-3
Depósito legal: B-5.497-2022

Compuesto en La Nueva Edimac, S.L.
Impreso en Egedsa (Sabadell, Barcelona)

RH39753

Este libro es para mi hermano,
James Jerrett Didion,
y para nuestros padres,
Eduene Jerrett Didion
y
Frank Reese Didion,
con amor

PRIMERA PARTE

1

Mi tatara-tatara-tatara-tatarabuela Elizabeth Scott nació en 1766, creció en las fronteras de Virginia y Carolina, se casó a los dieciséis con un veterano de dieciocho años de la Revolución y de las expediciones en terreno cherokee llamado Benjamin Hardin IV, se mudó con él a Tennessee y Kentucky y murió en otra frontera, en Oil Trough Bottom, una población situada en la ribera sur del White River, en lo que hoy es Arkansas pero por entonces pertenecía a Missouri. De Elizabeth Scott Hardin se recordaba que solía esconderse en una cueva con sus hijos (se dice que eran once, aunque solo hay registros de ocho) durante los combates con los indios, y que era tan buena nadadora que podía vadear un río en plena crecida con un bebé en brazos. Fuera para defenderla, o por sus propias razones, se decía que su marido había matado a diez hombres, sin contar a soldados ingleses o a indios cherokee. Puede que sea verdad o puede que sean, en una tradición oral local aficionada a las historias que retratan actitudes decididas, puras florituras. Un primo que había investigado el asunto me contó que el marido, nuestro tatara-tatara-tatara-tatarabuelo, «aparece en las crónicas oficiales de Arkansas como "el viejo coronel Ben Hardin, héroe de muchas guerras indias"». Elizabeth Scott Hardin tenía los ojos de un azul luminoso y unos dolores de cabeza terribles. El White River en el que vivía era el mismo White River en el que, al cabo de un siglo y medio, James McDougal ubicaría su fallida urbanización Whitewater. Se trata de un territorio que en algunos sentidos no es tan grande como nos gusta decir que es.

No sé nada más de Elizabeth Scott Hardin, pero tengo su receta para hacer bizcochos de maíz, y también la de sus encurtidos picantes: su nieta se trajo las recetas al Oeste en 1846, cuando viajó con la expedición Donner-Reed hasta el Humboldt Sink antes de tomar rumbo norte hacia Oregón, donde su marido, el reverendo Josephus Adamson Cornwall, estaba decidido a ser el primer predicador itinerante de la Iglesia presbiteriana de Cumberland en lo que por entonces se llamaba el territorio de Oregón. Gracias a que la nieta en cuestión, Nancy Hardin Cornwall, era mi tatara-tatarabuela, tengo, además de sus recetas, un bordado de aplique que hizo durante la travesía. Hoy en día ese bordado, de calicó verde y rojo sobre fondo de muselina, cuelga en mi comedor de Nueva York al igual que antes colgó en el salón de la casa que tenía en la costa del Pacífico.

También tengo una fotografía del mojón de piedra que había en el lugar donde Nancy Hardin Cornwall y su familia pasaron el invierno de 1846-1847, todavía a cierta distancia de su destino en el valle de Willamette pero incapaces de atravesar con sus carretas un escarpado desfiladero del río Umpqua sin abandonar los libros de Josephus Cornwall. (Al parecer esta opción solo se les pasó por la cabeza a sus hijas). «Dedicado a la memoria del reverendo J. A. Cornwall y familia –dice la inscripción grabada en el mojón–. Cerca de esta ubicación construyeron la primera cabaña de inmigrantes del condado de Douglas, de donde viene el nombre de Cabin Creek. La familia pasó aquí el invierno de 1846-1847 y los salvó de la inanición Israel Stoley, un sobrino que era buen cazador. Los indios eran amistosos. Los Cornwall habían hecho una parte del trayecto al oeste con la desdichada expedición Donner.»

A mi madre le mandó la fotografía de aquel mojón el primo de su madre, Oliver Huston, un historiador tan apasionado de nuestra familia que en 1957 todavía estaba alertando a sus descendientes acerca de «una oportunidad que ningún heredero debería pasar por alto», la presentación ante el Pacific University Museum de, entre otros artefactos, «el viejo pasapurés de patatas que la familia Cornwall llevó consigo a través de las llanuras en 1846». La carta de Oliver Huston seguía diciendo: «Gracias a este procedimiento todos los herederos de los Geiger y los Cornwall podrán ver dichos objetos en cualquier momento del futuro con una simple visita al museo.» Personalmente no he encontrado la ocasión de visitar el pasapurés de patatas, pero sí que tengo un texto mecanografiado, procedente de Narcissa, una de los doce hijos que tuvo Nancy Hardin Cornwall, de aquellos meses que pasaron en lo que más adelante se llamaría Cabin Creek:

Estábamos a unos quince kilómetros del río Umpqua y los indios que vivían allí venían y se pasaban la mayor parte del día con nosotros. Había uno que hablaba inglés y le dijo a Madre que los indios del río Rogue iban a venir a matarnos. Madre le contestó que si nos molestaban, cuando llegara la primavera los Boston (el nombre que nos daban los indios a los blancos) vendrían y los exterminarían a todos. No sé si esto tuvo algún efecto o no, pero en cualquier caso no nos mataron. Pero siempre pensamos que un día vendrían con ese propósito. Un día Padre estaba ocupado leyendo y no se dio cuenta de que la casa se estaba llenando de indios desconocidos hasta que lo mencionó Madre. […] En cuanto Padre se fijó en ellos, se levantó y sacó sus pistolas y les pidió a los indios que salieran para verlo disparar. Lo siguieron afuera, pero se mantuvieron a distancia. Las pistolas les producían una gran curiosidad. Dudo que hubieran visto ninguna antes. En cuanto estuvieron todos fuera de la cabaña, Madre atrancó la puerta y ya no los dejó entrar. Padre los entretuvo fuera hasta que llegó el anochecer, momento en el que se subieron a sus ponis y se marcharon. Nunca más volvieron a molestarnos.

En otra habitación de mi casa de la costa del Pacífico colgaba una colcha procedente de otra travesía, una colcha hecha por mi tatarabuela Elizabeth Anthony Reese en un viaje en carromato durante el cual enterró a una criatura, dio luz a otra, contrajo la fiebre de montaña dos veces y condujo una boyada de bueyes, un tiro de mulas y veintidós cabezas de ganado por turnos. Aquella colcha de Elizabeth Reese tenía más puntadas de las que yo había visto nunca en una colcha, un cegador, absurdo y tupido montón de puntadas, y mientras la estaba colgando se me ocurrió que debía de haberla terminado un día en plena travesía, en algún momento del páramo de su dolor y su enfermedad, y que simplemente había seguido dando puntadas. De la crónica de su hija:

Tom contrajo fiebre el primer día de la travesía, cuando no había posibilidad de encontrar médico. Solo llevaba un par de días enfermo cuando murió. Lo tuvimos que enterrar de inmediato porque la comitiva de carromatos no se detuvo. Tenía dos años y nos alegramos de encontrar un baúl donde enterrarlo. El baúl nos lo dio un amigo. Al año siguiente mi tía, cuando se le murió el bebé, lo estuvo llevando mucho tiempo en brazos sin decírselo a nadie por miedo a que lo enterraran antes de llegar a una parada.

Da la impresión de que esas mujeres de mi familia eran pragmáticas y fríamente radicales en sus instintos más profundos, dadas a cortar por lo sano con todo el mundo y con todo lo que conocían. Sabían disparar y manejar el ganado, y cuando a sus hijos se les quedaron pequeños los zapatos aprendieron de los indios a hacer mocasines. «Una anciana de nuestra comitiva de carromatos enseñó a mi hermana a hacer morcilla de sangre –recordaba Narcissa Cornwell–. Cuando matabas a un ciervo o a un cabestro lo degollabas y recogías la sangre. Le añadías sebo y un poco de sal, y harina de maíz o de trigo si tenías, y lo cocías. Si no tienes nada más para comer, es bastante bueno». Solían adaptar cualquier recurso en pos de un fin incierto. Solían evitar pensar mucho en lo que aquel fin podía implicar. Cuando no se les ocurría qué otra cosa hacer, avanzaban mil kilómetros más y plantaban otro huerto: alubias, calabacines y guisantes de semillas procedentes del último lugar en que habían estado. El pasado se podía tirar por la borda, los hijos se podían enterrar y a tus padres los podías dejar atrás, pero las semillas había que llevarlas. Eran mujeres, aquellas mujeres de mi familia, sin tiempo para pensar las cosas dos veces, sin mucha inclinación al subterfugio, y más adelante, cuando hubo tiempo o ganas, desarrollaron una tendencia, que llegó a parecerme endémica, a los trastornos tanto pequeños como grandes, a las declaraciones en apariencia excéntricas, al desconcierto hermético y a mudarse a sitios que no estaban previstos.

Madre consideraba que el carácter era el manantial de la vida y, por tanto, lo que regulaba nuestra existencia aquí e indicaba nuestro destino en el porvenir. Había establecido y asentado una serie de principios, metas y motivaciones en la vida. Tenía una salud excelente y en la mediana edad casi parecía infatigable. En invierno y en verano, en todas las estaciones y todos los días, salvo el domingo, su vida era una ronda incesante de actividad. Cuidarse de la familia, encontrar empleados, recibir a invitados y recibir a predicadores y a otra gente durante unas reuniones que eran frecuentes.

Este era el punto de vista de Nancy Hardin Cornwall y sería también el de su hijo Joseph, que había hecho la travesía con trece años. La hija de Nancy Hardin Cornwall, Laura, dos años mayor, no se alejaba mucho de aquellas opiniones: «Siendo hija de la Revolución americana, mi madre era por naturaleza una mujer osada, que nunca pareció tener miedo de los indios ni rehuir las penurias».

Una fotografía:

Una mujer de pie sobre una roca en la Sierra Nevada, quizá en 1905.

En realidad no es una roca sino un promontorio de granito: un saliente ígneo. Uso palabras como «ígneo» y «saliente» porque mi abuelo, uno de cuyos campamentos mineros puede verse al fondo de la fotografía, me enseñó a usarlas. También me enseñó a distinguir el mineral que contenía oro de la serpentina brillante pero sin valor que yo prefería de niña, una lección sin utilidad alguna porque para entonces la extracción del oro tenía tan poco valor como la serpentina, y la distinción era puramente académica, o quizá ilusoria.

La fotografía. El promontorio. El campamento al fondo.

Y la mujer: Edna Magee Jerrett. Es la bisnieta de Nancy Hardin Cornwall y con el tiempo será mi abuela. Es una irlandesa morena, además de inglesa, galesa y quizá (esto no lo sé seguro) también un poco judía a través de su abuelo William Geiger, a quien le gustaba reivindicar como antepasado a un rabino alemán pese a que él fue misionario presbiteriano en las islas Sandwich y por la costa del Pacífico; quizá (y esto es menos seguro todavía) tenga una parte todavía más pequeña de india, procedente de alguna frontera, o quizá, debido a que se pone muy morena al sol aunque le han dicho que lo evite, simplemente le guste decirlo. Creció en una casa de la costa de Oregón llena de las curiosidades educativas típicas del lugar y la época: ristras de conchas y semillas de Tahití, huevos tallados de emú, jarrones de Satsuma, lanzas del Pacífico Sur, una miniatura de alabastro del Taj Mahal y las cestas que le regalaron a su madre los indios del lugar. Es muy guapa. También está bastante mimada, y es claramente dada, aunque sabe lo bastante sobre las montañas como para sacudir sus botas todas las mañanas por si hay serpientes, a más comodidades de las que podría haberle ofrecido en aquella época aquel campamento de mineros de Sierra Nevada. En la fotografía lleva, por ejemplo, una falda larga de ante y una chaqueta que le había hecho el sastre más caro de San Francisco. «No te llega ni para pagarle los sombreros», les decía su padre, capitán de navío, a sus pretendientes para desanimarlos, y quizá todos se desanimaron menos mi abuelo, un inocente de la sierra de Georgetown que leía libros.

Ese temperamento extravagante le duró a mi abuela toda la vida. Como era una niña, sabía lo que querían los niños. Cuando a los seis años enfermé de paperas, para distraerme no me trajo un libro para colorear, ni helado, ni espuma de baño, sino un frasquito de cristal sellado con hilo de oro del caro perfume On Dit de Elizabeth Arden. Cuando yo tenía once años y me negué a seguir yendo a la iglesia, me regaló a modo de incentivo no el miedo a Dios sino un sombrero, no un sombrero cualquiera, no un gorro de punto ni una boina de niña bien educadita, sino un *sombrero*, de fibras de seda italiana y con acianos de seda francesa y una gruesa etiqueta de satén que decía «Lilly Dache». Preparaba ponche de champán para los nietos a quienes les tocaba sentarse con ella en Nochevieja. Durante la Segunda Guerra Mundial se presentó voluntaria para ayudar a salvar la cosecha de tomates del Valle Central trabajando en la planta envasadora Del Monte de Sacramento, donde echó un vistazo a la cinta transportadora en movimiento, le entró una de las tremendas jaquecas que se había traído su bisabuela al Oeste junto con las semillas y se pasó su primer y único día en la cadena con las lágrimas cayéndole por la cara. A modo de expiación, se pasó el resto de la guerra tejiendo calcetines para que la Cruz Roja los mandara al frente. El hilo que compraba para tejer aquellos calcetines era de cachemir, de los colores reglamentarios. Tenía abrigos de vicuña, jabón fabricado a mano, y no mucho dinero. Los niños podían hacerla llorar, y me avergüenza decir que yo lo conseguía a veces.

Muchos de los acontecimientos de su vida adulta la dejaron perpleja. Uno de sus hermanos marinos se trastocó cuando su barco chocó con una mina en plena travesía del Atlántico; el hijo de otro hermano se suicidó. Presenció el abrupto descenso a la locura de su única hermana. Educada para creer que su vida sería, como se decía que había sido la de su bisabuela, una ronda incesante de actividades, metas, motivaciones y principios establecidos y asentados, a veces no se le ocurría nada que hacer más que ir caminando al centro de la ciudad, buscar ropa en el Bon Marché que no podía pagar, comprarse un cangrejo para cenar y volver a casa en taxi. Murió cuando yo tenía veintitrés años dejándome un bolso de noche de punto gobelino, dos acuarelas que había pintado de niña en una escuela-convento episcopaliana (naturaleza muerta con sandía; la misión de San Juan Capistrano, que ella no había visto nunca), doce cuchillos de mantequilla que había encargado hacer en el Shreve's de San Francisco y cincuenta acciones de la Transamerica. Su testamento me daba instrucciones para que vendiera las acciones y me comprara algo que me gustara y no me pudiera pagar. «¿Qué le falta que no tenga ya?», la reñía mi madre cuando mi abuela me regalaba cosas como el frasquito de On Dit, el sombrero de Lilly Dache o el pañuelo negro con azabaches incrustados que me trajo para mitigar el dolor de la escuela de danza. En el teatro generacional, a mi madre —pese a tener lo que llegué a reconocer como una temeridad mucho mayor que la de mi abuela— se le había asignado el rol que las indicaciones escénicas describían como el de la sensatez.

—Algo encontrará —contestaba siempre mi abuela, una conclusión tranquilizadora, aunque no del todo apoyada por su propia experiencia.

Otra fotografía, otra abuela: Ethel Reese Didion, a quien no llegué a conocer. Cogió la fiebre durante los últimos días de la epidemia de gripe de 1918 y se murió, dejando marido y dos niños, uno de ellos mi padre, en la mañana del falso armisticio. Mi padre me contaría muchas veces que murió creyendo que la guerra se había terminado. Cada vez me lo contaba como si fuera una cuestión de importancia considerable, y quizá lo fuera, dado que cuando lo pienso me doy cuenta de que es lo único que me contó de lo que ella pensaba sobre cualquier cosa. Mi tía abuela Nell, su hermana menor, solo contaba que mi abuela había sido una mujer «nerviosa» y «distinta». ¿Distinta de qué?, solía preguntarle yo. La tía Nell se encendía otro cigarrillo, lo relegaba de inmediato a un pesado cenicero de cuarzo y se subía y se bajaba los enormes anillos por los finos dedos. Ethel era una mujer nerviosa, me repetía por fin. Con Ethel no te podías meter nunca. Ethel era, en fin, distinta.

En la fotografía, tomada alrededor de 1904, Ethel está en un picnic en una granja de Florin, que por entonces era un asentamiento agrícola situado al sur de Sacramento. Todavía no se ha casado con el hombre, mi abuelo, cuyo temperamento tan sorprendentemente taciturno le resultaría tan inexplicable a su familia, el hombre al que yo a veces me refería como el «abuelo Didion» pero al que nunca me dirigí directamente, desde mi primera infancia hasta el día de 1953 en que se murió, por ningún tratamiento más familiar que «señor Didion». En la foto todavía es Ethel Reese y lleva blusa blanca y sombrero de paja. Sus hermanos y primos, hijos de rancheros con propensión a la fiesta y talento para perder cosas sin rencor, se están riendo de algo que queda fuera de la fotografía. La tía Nell, la pequeña, corre entre sus piernas. Mi abuela sonríe tímidamente. Tiene los ojos cerrados para protegerse del sol, o de la cámara. A mí me decían que tenía sus ojos, «ojos Reese», ojos que se ponían rojos y se humedecían ante el más pequeño indicio de sol o de prímulas o de voces levantadas, y también me decían que había heredado algo de su «diferencia», de aquella forma suya de estar un poco incómoda en el momento en que empieza el baile, pero la foto de Ethel Reese en el picnic de la granja de Florin alrededor de 1904 no permite adivinar nada de esto. Así recuerda su tía, Catherine Reese, que era una niña durante la travesía de la familia Reese en 1852, las postrimerías y las consecuencias del viaje durante el cual su madre tejió la colcha de las mil y una puntadas:

Llegamos a Carson City subiendo montañas una y otra vez, hasta llegar a Lake Tahoe y luego bajamos. Vivimos en las montañas porque Padre había cogido escalofríos y fiebres. Tuvimos que dejar que se marchara nuestro arreador de ganado y Madre tuvo que cuidar de las reses. Encontramos a dos o tres familias de campesinos de toda la vida y vivimos con ellos hasta que nos asentamos en la casa de un pastor y pasamos el invierno con él mientras Padre se hacía construir una casa en el rancho de la colina de las inmediaciones de Florin, tierra del gobierno a cinco dólares la hectárea. Padre pagó el precio de 145 hectáreas en efectivo porque se había vendido la yunta y tenía algo de dinero. Cultivamos cereales y criamos ganado, teníamos doce vacas y hacíamos mantequilla y la vendíamos junto con los huevos y los pollos, y de vez en cuando algún ternero. Una vez a la semana íbamos a Sacramento a vender. Padre y Dave batían la mantequilla y Madre y yo ordeñábamos. Yo caminaba diez kilómetros todos los días hasta la escuela, donde hoy está el cementerio de Stockton Boulevard.

El primer rancho Reese de Florin, que al cabo de unos años se amplió de 145 a 260 hectáreas, fue propiedad de mi familia hasta bien entrada mi vida adulta, o para ser más exactos era propiedad de una sociedad llamada la Elizabeth Reese Estate Company, cuyos accionistas eran todos miembros de mi familia. De vez en cuando, ya entrada la noche, mi padre, mi hermano y yo hablábamos de comprarles a nuestros primos su parte de lo que todavía llamábamos «el rancho de la colina» (no había ninguna «colina», aunque las hectáreas originales tenían un desnivel de quizá dos palmos), una maniobra que a ellos les habría gustado, ya que la mayoría se lo querían vender. Nunca pude averiguar si el interés que tenía mi padre en quedarse aquel rancho en concreto tenía algo de sentimental; simplemente se refería a él como una propiedad sin valor a corto plazo pero que a la larga costaría mucho. Mi madre no tenía interés alguno en quedarse el rancho de la colina, ni de hecho ninguna tierra en California: decía que hoy en día California estaba demasiado regulada, que había demasiados impuestos y que era demasiado cara. En cambio, hablaba con entusiasmo de irse a vivir al desierto de Australia.

—Eduene —protestaba mi padre.

—En serio —insistía ella con temeridad.

—¿Te irías de California, así sin más? ¿Lo dejarías todo?

—Sin pensarlo —decía ella, con la voz de su estirpe pura, la tatara-tatara-tataranieta de Elizabeth Scott—. No te quepa duda.

2

«Hace cien años nuestros tatarabuelos empujaban la frontera americana hacia el Oeste, hacia California.» Así empezaba el discurso que escribí para mi graduación de octavo curso en la Arden School, en las afueras de Sacramento. El tema era «Nuestro patrimonio californiano». Desarrollando un tema que me habían animado a tratar mi madre y mi abuelo, continué, más llena de confianza de lo que debería haber estado por el hecho de llevar un vestido nuevo, de organdí verde claro, y el collar de cristales de mi madre:

A California no venía la gente satisfecha, feliz y contenta, sino la gente aventurera, incansable y osada. Una gente distinta incluso de quienes se establecían en otros estados del Oeste. No venían al Oeste en busca de casas y de seguridad, sino de aventuras y de dinero. Llegaron cruzando las montañas y fundaron las ciudades más grandes del Oeste. En Mother Lode extraían el oro de día y bailaban de noche. La población de San Francisco se multiplicó casi por veinte antes de 1906, cuando se incendió y quedó reducida a cenizas, y volvió a levantarse casi tan deprisa como había ardido. Teníamos un problema de irrigación, de manera que construimos las presas más grandes que el mundo ha conocido. Ahora tanto el desierto como el valle producen comida en cantidades enormes. California ha conseguido mucho en los últimos años. Nos resultaría fácil cruzarnos de brazos y disfrutar de los resultados del pasado. Pero no podemos hacerlo. No podemos detenernos y quedarnos contentos y complacidos. Tenemos que estar a la altura de nuestro patrimonio y seguir avanzando en pos de cosas mejores y más grandes para California.

Esto fue en junio de 1948.

El verde claro del vestido de organdí era un color que solo existía en el paisaje local durante los pocos días de primavera en que brotaba el primer arroz.

Mi madre consideraba aquel collar de cristales una forma eficaz de combatir el calor del Valle.

La ceguera del tiempo onírico local era tal que yo tardaría años en darme cuenta de que ciertos aspectos de «Nuestro patrimonio californiano» no cuadraban, empezando —aunque no exclusivamente, ni mucho menos— por el hecho de que yo había pronunciado el discurso delante de un público de niños y padres que en su mayoría habían llegado a California en la década de 1930, huyendo de la sequía que provocó el fenómeno conocido como Dust Bowl. Fue después de este descubrimiento cuando empecé a intentar encontrarle el «sentido» a California, encontrar algún mensaje en su historia. Me hice con un libro de estudios revisionistas al respecto, pero lo abandoné al descubrir que salía yo citada, dos veces. A estas alturas quizá se hayan dado cuenta ustedes (mucho más deprisa que yo) de que este libro representa una exploración de mis propias confusiones acerca del lugar y la forma en que crecí, unas confusiones tanto acerca de América como de California, unos malentendidos y malinterpretaciones que forman parte de quien soy en tanta medida que todavía hoy solo les hago frente de refilón.

3

Hay muchas cosas de California que, contadas en sus términos preferidos, no cuadran. El río Sacramento, fuente principal de agua no subterránea en un estado donde históricamente la desconfianza hacia la autoridad gubernamental centralizada se ha considerado una ética, tiene su nacimiento en las remotas sierras septentrionales del condado de Siskiyou. Recoge las aguas de los ríos McCloud y Pit por encima de Redding y del Feather, el Yuba y el Bear por debajo de Knight's Landing, del American en Sacramento, del San Joaquín por debajo de Steamboat Slough; y desagua en el Pacífico por la bahía de San Francisco, drenando los profundos sedimentos de nieve de la cordillera meridional de las Cascadas y de la Sierra Nevada, al norte. «El río aquí tiene cuatrocientos metros de ancho —escribió uno de mis tatarabuelos, William Kilgore, cuya hija Myra se casó con uno de los Reese, en el diario de su llegada a Sacramento en agosto de 1850—. La marea hace subir las aguas más de medio metro y a diario vienen barcos de vapor y otras embarcaciones. De aquí a San Francisco hay más de 240 kilómetros por agua. Y en todo ese tramo el río presenta riberas bajas y está expuesto a inundaciones a lo largo de varios kilómetros.» No parece que el hecho de que la tierra a la que pensaba llevar a su mujer y sus dos hijos estuviera «expuesta a inundaciones a lo largo de varios kilómetros» fuera un argumento en contra de un asentamiento inmediato. «Esta es una de esas mañanas difíciles para mí, dado que debo abandonar a mi familia o echarme atrás –había escrito en su diario cuatro meses antes–. Baste con decir que partimos.» Y sin embargo, aquel río que había sido su destino desde el principio tenía la costumbre regular y predecible, todos los años salvo los más secos hasta que se controló y se redirigió su corriente, de convertir su valle en un mar poco profundo de agua dulce de ciento cincuenta kilómetros de largo y tan ancho como la distancia que separaba las sierras costeras de las faldas de la Sierra Nevada: un patrón de inundaciones, declaró en 1927 el Cuerpo de Ingenieros del Ejército, más intenso e intratable que el de ningún otro sistema fluvial americano incluyendo al Misisipi.

La población local no se refería a esa reaparición anual de unas marismas que no se desaguaban en el mar hasta finales de primavera o verano como una inundación, sino como «la subida», un fenómeno estacional normal, un simple coste menor aunque inconveniente de las ricas tierras que el fenómeno producía, y para adaptarse a él las casas se construían de forma rutinaria con los suelos elevados. En mi infancia muchas casas de Sacramento tenían en las paredes alguna litografía que mostraba la familiar cuadrícula de manzanas del centro pero con calles de agua, a través de las cuales se veía a los ciudadanos realizar sus tareas en balsa o bote de remos. Algunas de aquellas litografías mostraban la subida de 1850, tras la cual se construyó un dique de tierra de casi un metro entre el río y el asentamiento. Otras mostraban la subida de 1852, que se llevó por delante aquel primer dique. Otras mostraban las subidas de 1853, 1860, 1861 o 1862, en las que no cambiaba gran cosa salvo el número cada vez mayor de estructuras visibles en la cuadrícula. «Si uno toma Stockton, Sacramento y San Francisco como puntos de referencia en un mapa de California, verá que gran parte de las tierras que median entre esas ciudades se señala como "marismas y zonas inundadas".» Charles Nordhoff, abuelo del coautor de *Rebelión a bordo*, escribió en su libro de 1874 *Northern California, Oregon and the Sandwich Islands*:

Hasta hace cinco o seis años estas tierras no atraían mucho la atención. Se sabía que eran sumamente fértiles, pero se creía que el coste y la incertidumbre de drenarlas eran demasiado grandes para que mereciera la pena hacerlo. En tiempos recientes, sin embargo, han sido rápidamente adquiridas por capitalistas, y la sagacidad de estos se ha visto justificada por los resultados en aquellas extensiones que han sido recuperadas. Estas tierras de Tule [...] no son más que depósitos de lodo, una mezcla de los sedimentos que dejan los ríos Sacramento y San Joaquín con la materia vegetal descompuesta que resulta del crecimiento enorme de las diversas hierbas y de la espadaña llamada «tule», que a menudo alcanza los tres metros en una sola estación, y que se pudre anualmente. [...] El Congreso concedió los pantanos y tierras inundadas al Estado, y a su vez el Estado se las ha regalado prácticamente a particulares. Se las ha vendido a dos dólares y medio la hectárea, con un pago inicial del veinte por ciento, es decir, cincuenta céntimos por hectárea; y este dinero, menos unas pocas tasas por el registro de la transferencia y la inspección del drenaje, se lo devuelve el Estado al comprador si este reclama la tierra en un plazo menor a tres años después de la compra. En otras palabras, el Estado regala las tierras a condición de que se drenen y se dediquen a cultivos.

La creación de ese entorno completamente artificial que es el actual valle de Sacramento no se consiguió en un día, y de hecho todavía no ha finalizado. Los boletines acerca de dónde y cuándo crecerían los ríos, del estado de los diques y las direcciones de los centros de evacuación, continuaron siendo ya entrada mi edad adulta lugares comunes de la vida primaveral en Sacramento, igual que los rumores de que algún que otro dique había sido (o estaba siendo, o iba a ser) secretamente dinamitado por alguna que otra agencia dedicada a salvar alguna que otra comunidad de río abajo. Durante los años en que las constantes tormentas procedentes del Pacífico coinciden con los primeros deshielos de las nieves de la Sierra, todavía se rompen los diques, la subida del nivel freático desestabiliza tramos enteros de las autopistas interestatales y las grandes presas activan el estado de crisis, e intentan salvarse liberando el agua a medida que la van cogiendo, sin controlarla ni dirigirla, de manera que las aguas del deshielo circulen libres hasta el mar.

La recuperación de las tierras del tule ha sido, para quienes la libran, una guerra en la que ningún armamento es demasiado caro y ninguna estrategia demasiado quijotesca. En 1979, cuando el estado de California publicó *The California Water Atlas* de William L. Kahrl, había 1.577 kilómetros de dique y 705 kilómetros de canal. Había ochenta kilómetros de canales colectores y zanjas de desagüe. Había tres plantas de bombeo de drenaje, cinco presas filtrantes de estiaje, treinta y un puentes, noventa y una estaciones de medición y ocho transmisores automáticos de transmisión del nivel de las aguas. Había siete presas de pequeño tamaño que comunicaban con siete derivaciones que cubrían 40.873 hectáreas. Y no solo había los grandes diques de las cabeceras, la de Shasta en el Sacramento, la de Folsom en el American y la de Oroville en el Feather, sino también todas sus presas predecesoras y colaterales, sus embalses de alimentación y desagüe y sus desvíos: Thermalito, Lake Almanor, Frenchman Lake y Little Grass Valley en el Feather, New Bullard's Bar, Englebright, Jackson Meadows y Lake

Spaulding en el Yuba, Camp Far West, Rollins y Lower Bear en el Bear, Nimbus, Slab Creek y L. L. Anderson en el American, Box Canyon y Keswick en el Sacramento. El gobierno federal corría en buena parte con el coste de controlar o redirigir el Sacramento, es decir, de la «recuperación» del valle del Sacramento, igual que con el de controlar o redirigir muchos otros rasgos inconvenientes de la vida en California.

Esa dependencia extrema del dinero federal que tiene California, tan discordante en apariencia con el énfasis en el individualismo sin restricciones que constituye la creencia central del lugar, fue un patrón que se estableció muy pronto, y en parte derivó de ese mismo individualismo que parece desdecir. («No venían al Oeste en busca de casas y de seguridad, sino de aventuras y de dinero», como decía «Nuestro patrimonio californiano»). En 1874 Charles Nordhoff se quejaba de que en California «el espíritu especulador invade incluso las granjas», y de que demasiado a menudo tentaba a sus ciudadanos «para ir de un pasatiempo al siguiente, para hacer muchas cosas de forma superficial, y para buscar fortunas repentinas metiéndose en aventuras astutas en vez de contentarse con vivir del esfuerzo paciente y continuo». Desde el inicio no había existido prácticamente la noción de «empujar la frontera americana hacia el Oeste», pese a lo que yo pensara en octavo de primaria: ya en 1826 los comerciantes y tramperos americanos que habían empezado a asentarse en California abandonaron sus propios territorios para ir a una remota provincia mexicana, Alta California. Muchos se hicieron ciudadanos mexicanos. Muchos se casaron con mujeres de familias mexicanas o españolas. Una buena parte de ellos recibieron concesiones de tierras de las autoridades de México. Todavía en 1846 había emigrantes estadounidenses partiendo hacia el Oeste con la idea de llegar a un territorio al menos provisionalmente mexicano, solo para descubrir que la sublevación de la Bandera del Oso y la guerra con México habían puesto Alta California bajo la autoridad militar estadounidense. Y así seguiría —junto con el resto del botín americano de aquella conquista: los territorios que terminarían siendo Nevada, Utah, Nuevo México, Arizona y una parte de Colorado— hasta que California fue admitida en la Unión en calidad de estado en 1850.

Fundamentado como estaba en esta idea general de separarse y hacerse rico, el asentamiento de California había tendido a atraer a balas perdidas de inclinaciones vagamente emprendedoras, a los cazadores-recolectores de la frontera en vez de a los campesinos, y a recompensar más plenamente a quienes tardaban menos en percibir que el botín más abundante de todos no estaba en las minas sino en Washington. Fue un cuarteto de comerciantes de Sacramento, Charles Crocker, Leland Stanford, Collis P. Huntington y Mark Hopkins, quienes construyeron el ferrocarril que unió California con los mercados mundiales y abrió el estado a una colonización más amplia, pero fueron los ciudadanos del resto del país quienes lo pagaron, a través de un subsidio monetario federal (veinticinco mil dólares por kilómetro en el valle y setenta y siete mil dólares por kilómetro en las «montañas», que el contrato establecía que empezaban a diez kilómetros al este de Sacramento), más una concesión de tierra federal, de diez o veinte secciones de kilómetro y medio cuadrado dispuestos en cuadrícula, por cada kilómetro de vías que se tendía.

Y la participación del gobierno tampoco se detuvo con la construcción del ferrocarril: con el tiempo, los ciudadanos del resto del país también financiarían las cosechas que transportaba el ferrocarril, harían posible la irrigación de millones de hectáreas de una tierra esencialmente árida, asegurarían los turnos del plantado y el barbecho, y crearían, en suma, un gigantesco mecanismo agrícola en una especie de vacío de mercado, bastante lejos de la necesidad normal de cotejar la oferta con la demanda y el coste con los beneficios. En 1993 todavía quedaban 33.184 hectáreas de plantación de alfalfa, un cultivo de bajo coste que requiere más agua que la que se usaba por entonces en los hogares de los treinta millones de californianos. Se plantaron más de seiscientas mil hectáreas de algodón, el segundo mayor consumidor de agua del estado, un cultivo subvencionado directamente por el gobierno federal. Se plantaron ciento sesenta mil hectáreas de arroz, cuyo cultivo requiere sumergir los campos bajo quince centímetros de agua desde mediados de abril hasta la cosecha de agosto, unos meses en los cuales no llueve en California. Los 1.973 millones de metros cúbicos de agua que esto requería (un metro cúbico son mil litros de agua) los suministraban, incluso en los años de sequía, y por lo que venía a ser un precio nominal subvencionado, el California State Water Project y el Central Valley Project, una agencia del gobierno federal que, a través del programa de apoyo a los productos básicos del Departamento de Agricultura, también subvencionaba el cultivo en sí. El noventa por ciento de este arroz de California era de la variedad Japonica glutinosa de grano medio, un tipo de arroz que no era popular en Estados Unidos pero sí en Japón y Corea, dos países que habían prohibido la importación de arroz de California. Esta es la clase de contradicciones en las que los californianos han tenido tendencia a hundirse cuando intentan pensar en el sitio del que vienen.

4

Josiah Royce, que desde 1885 hasta su muerte en 1916 fue una figura central de la que más tarde se conocería como «era dorada» del departamento de filosofía de Harvard, era natural de Grass Valley, cerca de Sacramento, había crecido allí y en San Francisco, y en cierto sentido se había pasado el resto de su vida intentando volver coherentes las discrepancias implícitas en aquella herencia. «Mi pueblo natal era un enclave minero de Sierra Nevada; un lugar cinco o seis años mayor que yo», contó en una cena celebrada en su honor en el hotel Walton de Filadelfia en 1915.

Una de las primeras cosas que recuerdo es la curiosidad que me provocaban a menudo mis mayores cuando decían que la nuestra era una comunidad nueva. Con frecuencia yo miraba los vestigios que habían dejado las antiguas excavaciones de los mineros, veía que había muchos troncos de pino podridos y que se podía ver la tumba de un minero en un recodo solitario cercano a mi casa. Era evidente que en aquella zona había vivido y había muerto gente. Mi vaga reflexión fue que aquel pasado se remontaba en apariencia a la presencia misma de hombres allí. Los troncos y la tumba parecían antiguos. Las puestas de sol eran preciosas. Las panorámicas cuando contemplabas el valle de Sacramento eran impresionantes, y llevaban mucho tiempo interesando a gentes de cuyo amor por mi país yo había oído hablar muchas veces. Así pues, ¿qué había en aquel lugar que tuviéramos que considerar «nuevo», o incluso poco elaborado?, me preguntaba, y gradualmente pasé a sentir que una parte de mi misión en la vida era averiguar qué significaba todo aquello.

Y aquí nos estamos aproximando a una confusión particularmente californiana: lo que Royce convertiría en su «misión en la vida», en su tarea, no respondía a la pregunta de «qué significaba todo aquello». Lo que hizo Royce fue inventarse una California idealizada, un sistema ético en el que la «lealtad» era la virtud básica, la ley moral esencial para la creación de la «comunidad», que a su vez era la única salvación del hombre y por extensión la esencia redentora del asentamiento de California. Y sin embargo, la comunidad de California que recordaba con mayor intensidad el autor de ese sistema era lo que él reconocía que había sido una «comunidad de forasteros irresponsables» (o, en otra referencia, «una generación ciega, estúpida y sin hogar de nómadas egoístas»), una comunidad no de gente «leal» sino de «hombres que han abandonado hogares y familias, que han huido de la palabra del Señor y han buscado refugio de sus antiguos y enojosos deberes en un paraíso dorado».

En California estos llamamientos a reflexionar sobre el lugar y su significado (y si el significado resultaba inextricable, a reinventar el lugar) habían sido generalizados desde el primer asentamiento americano, cuya lejanía había sido lo bastante extrema como para suscitar las preguntas de por qué había alguien allí, de para qué había ido alguien hasta allí y de cuál era el sentido último de ese viaje. La travesía por tierra en sí tenía un aspecto de cruzada: «Se emprendía una peregrinación que apelaba en todos sus aspectos a historias sagradas conocidas –escribió Royce–. Perseguías una tierra dorada romántica y remota de promesas, y te veías en la naturaleza salvaje de este mundo, a menudo guiado únicamente por las señales de las alturas. [...] El cielo era azul claro casi siempre; los vientos puros de las montañas te rodeaban; y nuevamente, incluso en los desiertos calurosos y secos, un poder misterioso ofrecía los escasos y preciados manantiales y corrientes de agua».

Cada viajero que llegaba, por definición, había renacido en la naturaleza salvaje, y se había convertido en una criatura nueva que no era en absoluto el mismo hombre, mujer o incluso niño que había salido de Independence o de Saint Joseph muchos meses antes: la decisión misma de emprender el viaje ya había sido una especie de muerte, que había requerido el abandono completo de toda la vida anterior, de madres y padres y hermanos y hermanas a los que no volvería a ver nunca más, el destierro de todos los sentimientos y la renuncia necesaria a las comodidades más básicas. «Llevaba meses esperando aquel momento, y sin embargo, hasta que llegó no fui consciente del espanto y el vacío de ver venir la noche sin casa ni hogar donde refugiarnos con nuestra niña», escribió la madre de Josiah Royce, Sarah, refiriéndose al día de 1849 en que había partido rumbo a Sacramento con su marido y su primera hija.

«El espanto y el vacío», escribió Sarah Royce.

«Sin casa ni hogar», escribió Sarah Royce.

«Baste con decir que partimos», escribió mi tatarabuelo William Kilgore.

Aquel momento de partir, la muerte que debe preceder al renacimiento, es un elemento fijo de la crónica de la travesía. Esas historias se cuentan sin artificio. En su repetición sobreviven una elisión o una inflación problemática, un fallo narrativo, un problema de punto de vista: a menudo cuesta localizar al observador en sí, o la mirada de la cámara. Este fue el adiós de Josephus Adamson Cornwall a su madre, tal como lo cuenta un hijo que al parecer oyó la historia de labios de su madre, Nancy Hardin Cornwall, la de los principios, metas y motivaciones establecidos y asentados en la vida, que no había estado personalmente presente: «Ya listo para marcharse, entró en el salón de su madre. Ella lo acompañó hasta su caballo para dedicarle sus últimas palabras y verlo partir. Le dijo que no lo volvería a ver en este mundo, le dio su bendición y lo encomendó a Dios. Luego él montó su caballo y se alejó, mientras ella lo seguía con una última mirada, hasta que desapareció de su vista».

¿Quién presenció aquel momento de la partida? ¿Fue la cámara de la madre de Josephus Cornwall, siguiendo a su hijo con aquella última mirada? ¿O fue el hijo mismo, mirando atrás mientras desaparecía de la vista? La gravedad de una ruptura tan decisiva exige una narración. Hay que resolver los detalles en conflicto, reformularlos para construir un todo verosímil. Los recuerdos antiguos deben ser plasmados como si fueran la palabra de Dios. Los hijos narran como si fueran hechos de su historia personal y cultural cosas que ni ellos ni sus padres podrían haber sabido de ninguna forma, como por ejemplo la «intervención de la Providencia» que se cuenta que le salvó la vida a Josephus Cornwall cuando era bebé en Georgia: «Una de las peculiaridades de esa parte del estado era que abundaban los perros rabiosos. Un día en que sus padres estaban ocupados, el bebé se quedó a solas en casa en su cuna. Un perro rabioso entró en la habitación, caminó a su alrededor y se marchó, sin molestarlo para nada». ¿Qué testigo vio al perro rabioso entrar en la habitación? ¿Y actuó de alguna manera aquel testigo, o bien se limitó a observar e informar, confiando en que la «intervención de la Providencia» salvaría al bebé?

Y sin embargo, fue a lo largo de varias generaciones de esta clase de narradores omniscientes como las crónicas de travesías se elevaron hasta convertirse en una especie de odisea original única, con sus lugares de veneración fijos. Estaban el río Platte, el Sandy, el Big Sandy y el Little Sandy. Estaba el río Green. Fort Hall. Independence Rock. El Sweetwater. Estaban el Humboldt, el Humboldt Sink y el atajo de Hastings. Estos nombres estaban tan profundamente arraigados en las historias que oí de niña que cuando a los veintidós años por fin vi el río Green, a través de las ventanillas de un tren que cruzaba Wyoming, me dejó asombrada aquella evidencia aparente de que realmente existía, un hecho físico y que podía ver –sin merecerlo para nada– cualquiera que pasara. Igual que había lugares de veneración, también había objetos de veneración, las reliquias de quienes habían hecho el viaje redentor. «El viejo pasapurés de patatas que la familia Cornwall llevó consigo a través de las llanuras en 1846» no fue el único tótem familiar que donaron los primos de mi abuela al Pacific University Museum en 1957. «Después de consultar con unos cuantos herederos», escribió Oliver Huston, los primos también decidieron que «será aconsejable entregar al museo en ese momento el pequeño escritorio que le mandó al abuelo en 1840 William Johnson desde Hawái, y también una serie de recuerdos de la abuela Geiger», concretamente «la blusa que formó parte de su traje de novia», y «el viejo chal o mantón que llevó en sus últimos años». Así fue como Saxon Brown, la heroína de la curiosa novela «californiana» de Jack London *El valle de la Luna*, pudo sostener en sus manos el corsé de satén rojo de su madre («las galas de pionera de una mujer de frontera que había cruzado los llanos») y ver pasar ante ella, «de este a oeste, de lado a lado del continente, la gran hégira de los anglosajones hambrientos de tierras. Era parte integral de ella. La habían criado con sus tradiciones y sus historias contadas de labios de quienes habían participado».

Como ya se ha dicho, se trataba de una odisea cuyo aspecto más importante era que ofrecía desafíos o «pruebas» morales o espirituales con consecuencias fatídicas para quienes fracasaban. Los padres de Josiah Royce, que viajaron solo con su hija de dos años, otros tres inmigrantes y una lista manuscrita de puntos de referencia que se detenía en el Humboldt Sink, se encontraron perdidos en el desierto de Carson, «confusos, casi estupefactos», «desorientados», «medio aturdidos», sufriendo durante una época «el mismo horror fatídico de desolación y muerte que había asaltado a la expedición Donner en el paso de Truckee». A unos niños que murieron de cólera los enterraron en el camino. Las mujeres que creían que podían guardar algún recuerdo de las casas de sus madres (el baúl de palisandro, las bandejas de plata) aprendieron a deshacerse de los recuerdos y a seguir adelante. Los sentimientos como el dolor y el desacuerdo requerían tiempo. Una sola vacilación, un momento de mirar atrás, y perdías el grial. Independence Rock, situada a orillas del río Sweetwater al oeste de Fort Laramie, se llamaba así porque el viajero que no había llegado a aquel punto de la travesía el 4 de julio, el Día de la Independencia, ya no llegaría a la Sierra Nevada antes de que la nieve cerrara los pasos.

Los diarios de los emigrantes se refieren a la Sierra Nevada como «el momento más temido», «el Gran Hombre del Saco», la causa de «noches de insomnio» y «pesadillas». «Sin casa ni hogar»: Sarah Royce y su marido e hijo abandonaron su carromato y cruzaron la Sierra, con la ayuda de una partida de socorro del ejército estadounidense, solo diez días antes de que se cerraran los pasos. Y por mucho que los pasos se mantuvieran abiertos, había nieve. Hacía falta vadear y vadear continuamente el Truckee o el Carson. Hacía falta descargar y volver a cargar una y otra vez los carromatos. Había tumbas recientes, carromatos destrozados y, en el lago Donner, después del invierno de 1846-1847, huesos no solo de animales sino también de seres humanos, y muescas en los troncos de los árboles para mostrar la altura que alcanzó la nieve en el fatal invierno. Esta es la entrada del diario de William Kilgore correspondiente al 1 de agosto de 1852:

Hielo y escarcha esta mañana. Faltan más de seis kilómetros para Red Lake. Aquí está [...] el nacimiento del río Carson, o Salmon Trout. Es un lago pequeño y está a un kilómetro de la cima de la Sierra Nevada. Desde este lago hasta la cima el ascenso es muy escarpado, en algunos sitios casi perpendicular. [...] A seis kilómetros de la cima cruzamos un arroyuelo, afluente del Sacramento. [...] En este arroyo nos detenemos a descansar. Ayudamos a enterrar a un joven que murió anoche de fiebre biliosa. Era de Michigan. Se llamaba Joseph Ricker. Sus padres residen en el estado de Maine. Escalamos otro risco de esta montaña. Es más alta que la que acabamos de dejar atrás, y llega a los 2.846 metros sobre el nivel del mar. Desde la falda hasta la cima hay ocho kilómetros, y entre el ascenso y el descenso recorremos más de seis kilómetros de nieve, desde medio metro de profundidad hasta seis metros. [...] Hoy hemos recorrido 33 kilómetros.

Leer estas crónicas y diarios de las travesías equivale a quedarse asombrado por la regularidad con que el miedo a la oscuridad se introduce en la expedición, una sombra de ambigüedad moral que lo invade todo cada vez más hasta que llega el momento en que el viajero se da cuenta de que ya ha dejado atrás lo peor de la Sierra. «¡Hemos cruzado la cima! —dice uno de esos diarios—. ¡Estamos en California! ¡Ya se distinguen envueltos en niebla a lo lejos los vagos contornos del valle de Sacramento! Ahora estamos en pleno descenso y nuestros famélicos animales pueden tirar de nosotros. Nos encontramos rodeados de pinos enormes, tan grandes que resultan casi increíbles. Hutton está muerto. Otros están peor. Yo estoy mejor.» Llegado este punto, en todas las travesías ya ha habido accidentes, huesos rotos, manos y pies infectados y hasta amputados. Han contraído las fiebres. Sarah Royce recordaba haberse pasado una noche en blanco después de que un hombre de su expedición muriera de cólera, y oír el viento sacudir su mortaja como «una criatura vengativa forcejando inquieta con sus ataduras». Ya ha habido entierros apresurados, en tumbas a menudo sin marcar y a veces deliberadamente borradas. «Antes de dejar atrás el río Humboldt se produjo una muerte, la de la señorita Mary Campbell —recordaba el hijo de Nancy Hardin Cornwall, Joseph—. La enterramos en medio del camino e hicimos pasar toda la comitiva de carromatos por encima para esconderla de los indios. La señorita Campbell murió de fiebre de las montañas, y por culpa de atenderla Madre también cogió la fiebre y se pasó mucho tiempo aparentemente entre la vida y la muerte, pero terminó recuperándose. La señorita Campbell era huérfana, ya que su madre había muerto en Green River.»

Ya ha habido lo más oscuro de todo: las traiciones, los indicios de que a fin de cuentas la travesía quizá no fuera una noble odisea, sino más bien una vil refriega por la supervivencia, una lucha ciega protagonizada por la «generación ciega, estúpida y sin hogar de nómadas egoístas» de la que hablaba Josiah Royce. Por poner un solo ejemplo, no a todos los emigrantes les importaban todos los huérfanos. Fue en el Little Sandy donde un emigrante llamado Bernard J. Reid, que había puesto doscientos dólares para asegurarse una plaza en la travesía de 1849, avistó «un carromato de emigrantes aparentemente abandonado por sus dueños» y luego «una tosca cabecera que indicaba una tumba reciente», que resultó ser la del reverendo Robert Gilmore y su esposa Mary, muertos de cólera el mismo día. Esta historia nos la cuenta el diario de Reid, que fue encontrado por su familia en la década de 1950, confiado a Mary McDougall Gordon para editarlo, y publicado en 1983 por la Stanford University Press con el título *Overland to California with the Pioneer Line*. Al volverse de la tumba al carromato en apariencia abandonado, nos cuenta Reid, le «sorprendió ver a una chica bien vestida de unos diecisiete años, sentada en el enganche del carromato, con la mirada aparentemente clavada en el vacío».

Se la veía ensimismada o perdida en un sueño y no pareció fijarse en mí hasta que le hablé. Me enteré por sus respuestas de que era la señorita Gilmore, cuyos padres habían muerto hacía dos días; de que su hermano, más joven que él, estaba enfermo en el carromato, probablemente de cólera; de que habían perdido los bueyes o bien se los habían robado los indios; y de que la caravana con la que habían estado viajando, después de esperar tres días por la enfermedad y muerte de sus padres, había decidido seguir su camino aquella mañana, por miedo a que si se retrasaban más los pillara el invierno en las montañas de la Sierra Nevada. [...] La gente de la caravana le había dicho que seguramente sus bueyes acabarían apareciendo, o que en cualquier caso alguna otra caravana que pasara con bueyes de sobra se los llevaría a ella, a su hermano y su carromato.

«¿Quién podía entender los profundos sentimientos de pérdida, aflicción y desolación que aquejaban el corazón de aquella pobre chica, en aquel páramo y sin saber qué destino les aguardaba a ella y a su hermano enfermo?», les pregunta Reid a sus lectores y seguramente también a sí mismo. Estos recuerdos debieron de resultarle difíciles de reconciliar con la convicción de haber superado las pruebas o desafíos necesarios para entrar en la nueva vida. El poder redentor de la travesía seguía siendo, pese a todo, la idea fija del asentamiento de California, y una idea que suscitaba una nueva pregunta: ¿de qué exactamente, y a qué coste, había sido uno redimido? Cuando abandonas a otros para que no te «pille el invierno en las montañas de la Sierra Nevada», ¿acaso mereces que no te pille? Cuando sobrevives a costa de la señorita Gilmore y de su hermano, ¿acaso sobrevives?

5

Nací en Sacramento y he vivido en California la mayor parte de mi vida. Aprendí a nadar en los ríos Sacramento y American, antes de las presas. Aprendí a conducir en los diques que había río arriba y río abajo de Sacramento. Y sin embargo, en cierto sentido California ha seguido siendo impenetrable para mí, un enigma agotador, igual que para mucha gente que es de allí. Nos preocupa, la corregimos y la revisamos, intentamos sin éxito definir nuestra relación con ella y su relación con el resto del país. Declaramos solemnemente que hemos roto con ella, como hizo Josiah Royce cuando se fue de Berkeley a Harvard. «En California no hay filosofía: desde Siskiyou hasta Fort Yuma, y del Golden Gate hasta la cima de las Sierras», le escribió a William James, que le acabaría contestando a aquel *cri de coeur* con la invitación para ir a Harvard. Nuestros regresos son igual de solemnes, como el de Frank Norris, que decidió antes de cumplir los treinta años «crear una gran obra con el Oeste y California de trasfondo, y que sea al mismo tiempo genuinamente americana». La intención, le escribió Norris a William Dean Howells, que había publicado una reseña favorable de *Avaricia*, era «escribir tres novelas sobre el tema único del trigo. Primero una historia de California (que lo produce); a continuación una historia de Chicago (que lo distribuye); y en tercer lugar una historia de

Europa (que lo consume), y en cada una de ellas mantener la idea de un enorme Niágara de trigo que fluye de oeste a este. Creo que se podría hacer una gran trilogía épica con este tema, que sería al mismo tiempo moderna y genuinamente americana. La idea es tan grande que a veces me asusta, pero he tomado la decisión de intentarlo».

Parece que la experiencia que tenía Frank Norris de este tema era exclusivamente literaria. Se había criado en Chicago y después en San Francisco, donde conoció a la joven con quien terminaría casándose en un baile de debutantes. Pasó un año en París, estudiando arte y escribiendo un romance medieval, *Yvernelle, A Tale of Feudal France*, para el que le consiguió editorial su madre. Se pasó cuatro años en Berkeley sin hacer los cursos necesarios para licenciarse y después un año en Harvard como estudiante matriculado fuera de licenciatura. Cubrió los preliminares de la guerra Bóer para *Collier's* y para el *San Francisco Chronicle*, y la campaña de Santiago de Cuba para *McClure's*. Cuando se le ocurrió la idea de la trilogía del trigo, estaba viviendo en Nueva York, en el 61 de Washington Square South.

The Octopus, publicada en 1901 y basada en lo que por entonces todavía eran unos hechos históricos recientes del valle de San Joaquín, era una novela muy trabajada, en el mejor sentido. Gracias a una serie de amistades bien situadas, Ernest Peixotto y su mujer (los Peixotto eran una prominente familia judía de San Francisco, y la hermana mayor de Peixotto, Jessica, economista, fue una de las primeras mujeres que hubo en el profesorado de la Universidad de California), Norris consiguió que le presentaran a una pareja que tenía dos mil hectáreas de trigo en el condado de San Benito, y acordó pasar el verano de 1899 en su rancho de las inmediaciones de Hollister. El condado de San Benito presentaba un paisaje más amable y más costero que el de San Joaquín, que era donde Norris tenía intención de ambientar su novela (San Juan de Guadalajara, la misión de *The Octopus*, era un calco de la misión de San Juan Bautista de las inmediaciones de Hollister, ya que en el valle de San Joaquín no había misiones), pero aun así era un escenario donde un reportero atento podía impregnarse de la mecánica de una gran plantación de trigo.

The Octopus empieza un día de la «última mitad de septiembre, el colofón de la estación seca», un día en que «todo el condado de Tulare, todas las enormes extensiones del valle de San Joaquín, de hecho todo el centro-sur de California estaba completamente seco, agostado, sediento y achicharrado después de cuatro meses sin una sola nube, en los que siempre parecía mediodía y el sol resplandecía blanco y ardiente sobre el valle desde la Cadena Costera en el oeste hasta el pie de la Sierra Nevada en el este». El asunto de la novela, los incidentes en torno a los que gira, está sacado directamente de unos hechos reales que acontecieron en lo que era por entonces el condado de Tulare. En 1893 una partida de hombres del sheriff mataron a John Sontag, un amargado guardafrenos sureño que se había pasado los últimos tres años dinamitando vías y asaltando trenes, matando e hiriendo a varios agentes de la ley. En *The Octopus*, Sontag se convierte en Dyke, que secuestra a un maquinista para escapar de sus perseguidores, desbarata el intento de estos de hacerlo descarrilar dando marcha atrás con la locomotora, la abandona, y es capturado por la partida de alguaciles.

Trece años antes, en 1880, se había producido, en un lugar llamado Mussel Slough que después del incidente fue rebautizado como Lucerne, un tiroteo entre alguaciles a sueldo de la Southern Pacific, que se había convertido gracias a sus concesiones federales de tierras en el mayor terrateniente de California, y un grupo de rancheros locales que estaban cultivando trigo en unas tierras alquiladas a la compañía ferroviaria. Los rancheros, movidos por el malentendido más bien deliberado de que sus acuerdos de alquiler les daban derecho a comprar la tierra a 6,25 dólares la hectárea (el texto de los acuerdos era vago, pero afirmaba con bastante claridad que la tierra se pondría a su disposición «por importes diversos no inferiores a 6,25 dólares la hectárea», donde «no inferiores a» eran las palabras que los rancheros habían decidido saltarse), se negaron a pagar el precio, entre 42 y 100 dólares por hectárea, que se había adjudicado finalmente a las tierras. La compañía ferroviaria obtuvo órdenes de desahucio, los rancheros se resistieron y tanto los rancheros como los alguaciles federales enviados para desahuciarlos abrieron fuego. En aquella confrontación terminaron muriendo seis rancheros, un episodio que no solo proporcionó el incidente que sirve de clímax a *The Octopus* —el enfrentamiento entre once rancheros y los alguaciles enviados para hacer cumplir las órdenes de desahucio—, sino que también inspiró las escenas finales de la única obra de ficción de Josiah Royce, *The Feud of Oakfield Creek: A Novel of California Life*, basada en los disturbios de los ocupantes ilegales de Sacramento en 1850.

Para los hilos de la trama ambientada en San Francisco, Norris se basó en unos hechos todavía más recientes: en 1899 había obtenido gran resonancia la publicación en el *San Francisco Examiner* de «El hombre de la azada» de Edwin Markham, un famoso poema retórico que condenaba la explotación laboral. En *The Octopus* aparece un poema épico al estilo de «El hombre de la azada» titulado «Los infatigables», poema que se publica en el periódico y le otorga celebridad instantánea a su autor, Presley, el indeciso licenciado por «una universidad del Este» que protagoniza la novela. La publicación de «Los infatigables» permite a Presley cenar en la mesa del Rey del Ferrocarril (ostras de Blue Point, *purée a la Derby*, medallones de chambergo, *grenadins* de lubina y salmón relleno, faisanes de Londonderry, *escalopes* de pato, *rissolettes à la pompadour* y espárragos transportados a toda prisa a la cocina del Rey del Ferrocarril por un tren especial a las pocas horas de cortarlos), aun cuando, en medio de la niebla exterior, en un solar vacío de lo alto de la colina de Clay Street, la viuda desposeída de uno de los plantadores de trigo desahuciados y muertos a tiros de San Joaquín está muriéndose literalmente de hambre, cayendo en un coma terminal, con su hijita al lado y su hija mayor ya reducida a la prostitución.

Presley no sabe nada del destino de la viuda, pero por medio de un artificio narrativo fortuito se ha encontrado esa misma tarde con la hija mayor, cuya degradación ya es visible, lo cual convierte la cena en un momento de lucidez considerable para él. Se sienta a la opulenta mesa del Rey del Ferrocarril mientras se sirve el Château Latour y se imagina el tintineo de las copas «ahogado por las detonaciones de los revólveres» en el valle de San Joaquín. Ve por un instante «esta espléndida casa saqueada hasta los cimientos, con las mesas volcadas, los cuadros rotos, los tapices en llamas, y al Hombre Libre, el Hombre de la Calle con las manos ensangrentadas, tiznado por el humo de la pólvora, maloliente del arroyo, correr gritando, antorcha en mano, por todas las puertas». La alternancia entre la mesa de la cena dentro de la casa y la viuda y su hija agonizando fuera resulta insistentemente alegórica, operística, enorme, igual que la muerte posterior del agente ferroviario en la bodega de un carguero que transporta trigo con destino a Asia, donde ha sido asignado por las fuerzas ciegas del mercado pese a que en las calles de San Francisco las viudas y los huérfanos se mueren por falta de un mendrugo de pan:

Ensordecido por el bramido del grano, cegado y enmudecido por sus cascarillas, se lanzó hacia delante intentando aferrarse con los dedos, rodó hasta caer de espaldas y se quedó así, sin apenas moverse, bamboleando la cabeza de un lado a otro. El trigo, sin parar de caer de la tolva, se derramó sobre él. Le llenó los bolsillos de la chaqueta, se le metió por las mangas y las perneras de los pantalones, le cubrió la panza grande y protuberante y por fin le entró a chorros por la boca hinchada, que luchaba por respirar. Y le cubrió la cara.

Sobre la superficie del trigo, bajo la tolva, no se movía nada más que el trigo en sí. Luego, durante un instante, la superficie se movió. Una mano, gorda y de dedos cortos y venas infladas, emergió, intentando agarrar algo y por fin cayó inerte. Y al cabo de un instante quedó cubierta.

The Octopus ha sido, desde el principio, una obra problemática, en parte porque resulta muy fácil rechazar su aparente falta de moderación. Todavía en 1991, en una discusión sobre el papel que había desempeñado el ferrocarril en el desarrollo de California, la publicación trimestral de la California Historical Society intentaba separar la importancia de aquel papel de la «estridente retórica anticorporativa» de Norris, de su «trama superficial y distorsionada», y señalaba que la caricatura de la Southern Pacific como un pulpo, con los retratos de Leland Stanford y de Charles Crocker en lugar de los ojos del molusco, ya existía mucho antes de que la usara Norris. A primera vista no parece haber nada sutil en *The Octopus*: la novela apenas ha arrancado cuando Presley divisa un tren y lo transforma de inmediato en:

el monstruo al galope, el terror de metal y vapor, con su único ojo, ciclópeo, rojo, disparado de un horizonte al otro [...], el símbolo de un poder enorme, gigantesco, terrible, proyectando el eco de su bramido por todos los confines del valle, dejando sangre y destrucción a su paso; el leviatán, con tentáculos de acero aferrándose al suelo, la Fuerza sin alma, el Poder con corazón de hierro, el monstruo, el Coloso, el Pulpo.

Y sin embargo, *The Octopus* sigue siendo quizá la expresión más compleja hasta la fecha de la condición californiana, y también una obra profundamente ambigua. Cuando la examinas, no hay nada en la novela que sea lo que parece. Puede que «El hombre de la azada» de Edwin Markham incitara el sentimiento en contra de la explotación laboral, pero curiosamente su autor dice que lo que le inspiró –en una de esas aparentes conexiones en la vida californiana que solo sirven para obstaculizar investigaciones posteriores– fue el estudio de un cuadro de Millet propiedad de Charles Crocker, uno de los «Cuatro Grandes» de la Central and Southern Pacific, en otras palabras uno de los Reyes del Ferrocarril. Puede que Frank Norris considerara a la Southern Pacific «la Fuerza sin alma, el Poder con corazón de hierro, el monstruo, el Coloso, el Pulpo», pero dos años antes de concebir la novela estaba trabajando de editor y de colaborador habitual de *The Wave*, un semanario de San Francisco financiado por la Southern Pacific para promover el nuevo hotel Del Monte de Monterrey propiedad de Charles Crocker. *The Octopus* no es, como podría parecer lógicamente, una historia de una sociedad agraria conquistada por el impulso bruto de la industrialización: el pulpo, si es que hay uno, resulta no ser ni el ferrocarril ni los propietarios de la compañía, sino la naturaleza indiferente, que de manera algo inquietante es caracterizada básicamente con el mismo lenguaje con que se ha descrito antes al ferrocarril: «una máquina gigantesca, un poder enorme y ciclópeo, inmenso y terrible, un leviatán con corazón de acero, que carece de escrúpulos, que no conoce el perdón ni la tolerancia; que aplasta el átomo humano que se interpone en su camino, con calma nirvánica, y ni se inmuta ante la agonía de la destrucción…».

Hay, tal como lo describe Norris, profundas ambigüedades incluso en el tiroteo del clímax, entre ellas el hecho de que los rancheros nunca han sido dueños de la tierra en disputa, de que han decidido malinterpretar los acuerdos de arrendamiento con la esperanza de que otros plantadores se unan a ellos y creen tal fuerza que terminen inutilizando los documentos («¡Oh, demonios! —exclama uno de ellos cuando le advierten de que lea los arrendamientos con mayor detenimiento—. Pues claro que el ferrocarril va a vender a seis veinticinco. Tenemos los contratos»), y solo empezaron a cultivar trigo en la tierra del ferrocarril precisamente porque el ferrocarril estaba allí para transportar el trigo. Los rancheros del trigo de *The Octopus* no son simples granjeros ni mucho menos. Son granjeros con telégrafos en sus oficinas, que conectan el valle de San Joaquín por medio de cables con San Francisco, Chicago, Nueva York y finalmente con Liverpool, que por entonces era el centro neurálgico del mercado del trigo. «Las fluctuaciones de precios de la producción mundial antes y después de la cosecha —escribe Norris— llegaban pitando hasta la oficina de Los Muertos, hasta la de Quien Sabe, hasta la de Osterman y la de Broderson [los ranchos de la novela]. Durante una turbulencia en el mercado de valores del trigo de Chicago, que había afectado incluso al mercado de San Francisco, Harran y Magnus se habían pasado casi la mitad de la noche mirando cómo la tira de papel blanco iba saliendo entrecortadamente del carrete.»

Tampoco son Magnus Derrick ni su hijo Harran ni Osterman ni Broderson ni Annixter «granjeros» en el sentido convencional de la palabra: para ellos venir al valle de San

Joaquín ha sido una maniobra empresarial, después de que otros negocios (en el ramo de la minería, de la política, de lo que se presentara) fracasaran o se agotaran, y, lo que es más importante y más ambiguo, después de que el ferrocarril abriera las puertas del San Joaquín a los cultivos rentables ofreciendo por primera vez una forma de llevar sus cosechas al mercado. Pese a todo, Norris caracteriza al propietario de Los Muertos, Magnus Derrick, lo más parecido que tiene la novela a un héroe trágico, como un jugador de alto riesgo, un hombre con alma de minero, que ha venido al San Joaquín en busca del enriquecimiento rápido que no encontró en la veta de Comstock:

> Era el verdadero espíritu de California el que encontraba expresión a través de él, el espíritu del Oeste, reacio a preocuparse por los detalles, remiso a esperar, a ser paciente, a conseguir cosas por medio del esfuerzo legítimo; pese a todo, prevalecía ese espíritu minero de hacerse rico en una sola noche. Era con esta mentalidad como cultivaban sus ranchos Magnus y muchos otros rancheros de los que él era prototipo. No tenían amor por sus tierras. No sentían apego por el suelo. Trabajaban sus ranchos igual que un cuarto de siglo antes habían trabajado sus minas. [...] Sacarle a la tierra todo lo que tuviera, exprimirla del todo, agotarla, parecía ser su política. Cuando por fin la tierra se agotaba y se negaba a dar más, invertían su dinero en otra cosa; para entonces ya todos habían hecho fortuna. No les importaba.

Así pues, según Norris, el plantador de trigo del San Joaquín era un tipo bastante común en California: aquellos especuladores que señalaba Charles Nordhoff en 1874, emprendedores en busca de la aventura astuta, hombres que también podrían haber estado dirigiendo perfectamente el ferrocarril si hubieran visto la oportunidad, si hubieran tenido las cartas adecuadas, si hubieran sido rápidos. Enfrentados con las exigencias del ferrocarril (que no solo estaba presionando para desahuciar a los rancheros sino también para aumentar las tarifas de carga) y de los miembros de la Comisión Ferroviaria comprados, la primera reacción de los rancheros de *The Octopus* es comprar también ellos a un comisionado. Pero ni siquiera en esta empresa son lo bastante rápidos y compran al hombre equivocado: el hijo mayor lleno de ambiciones políticas de Magnus Derrick, que se vende a la ferroviaria. El hecho de que el único conflicto real de *The Octopus* resulte ser el que tiene lugar entre miembros con y sin éxito de la clase empresarial (en algunos casos, miembros de las mismas familias) crea una confusión profunda y turbulenta en la novela, una disonancia que su autor aborda pero no consigue resolver. Esta disonancia, que tiene que ver con la discrepancia entre cómo se percibían a sí mismos los californianos y cómo eran realmente, entre las que consideraban sus posibilidades ilimitadas y las limitaciones implícitas en su carácter y en su historia, podría haber sido el gran tema de Norris, pero murió a los treinta y dos años de peritonitis antes de poder trabajar en él. Las confusiones en este sentido no son solo mías.

En la década de 1860 [...] William Henry Brewer [el principal asistente de Josiah Dwight Whitney en su prospección geológica de California de 1860-1864] describió la zona sudoeste del valle de San Joaquín como «una llanura de desolación absoluta». A finales de siglo, el combativo novelista Frank Norris describió el valle como un lugar «seco, agostado, sediento y achicharrado» donde «siempre parece mediodía». Pero un siglo después del informe de Brewer, y menos de medio siglo después de las observaciones de Norris, ha quedado claro que solo hay que añadir agua para que este valle de esterilidad florezca y se convierta en el huerto de la nación.

«Solo hay que añadir agua.» Este texto aparece en la web del United States Bureau of Reclamation, en la página preparada por el Programa de Historia del Bureau para explicar la Unidad de San Luis del Central Valley Project, División San Joaquín Oeste. «Teníamos un problema de irrigación, de manera que construimos las presas más grandes que el mundo ha conocido», fue el tratamiento igualmente posibilista que le di yo al tema en «Nuestro patrimonio californiano». Y esto, de acuerdo con la misma página web del Bureau of Reclamation, es lo que ha hecho falta para «añadir agua» al San Joaquín:

El derretimiento de la nieve y las escorrentías en lo alto de las montañas del norte de California son las primeras etapas de un viaje que atraviesa el corazón del estado. Una vez en el delta del río Sacramento-San Joaquín, la planta de bombeo de Tracy libera el agua de su embalse y la eleva sesenta metros. Luego la corriente es transportada unos 110 kilómetros al sur hasta el embalse de O'Neill por medio del Acueducto de California (obra del Proyecto Hidráulico Estatal, o PHE) y del Canal Federal Delta-Mendota. El Delta-Mendota lleva el agua al sudeste desde la planta de bombeo de Tracy hasta la planta de bombeo y generación de O'Neill. En paralelo al Canal Delta-Mendota, el Acueducto Edmund G. Brown California viaja directamente al embalse de O'Neill. La presa, la planta de bombeo y generación y el embalse de O'Neill están todos a menos de un kilómetro de la presa y el pantano de San Luis. Las unidades de la planta de bombeo y generación William R. Gianelli (antes conocida como planta de bombeo y generación San Luis) llevan el agua del embalse de O'Neill al pantano de San Luis. Las emisiones del pantano de San Luis se dirigen al canal de San

Luis, de ciento sesenta kilómetros. A veintisiete kilómetros al sur del pantano de San Luis, la estación de bombeo de Dos Amigos vuelve a elevar el agua, de manera que la corriente pueda seguir otros 135 kilómetros por la California central. El final del trayecto del canal de San Luis es la terminal federal de Kettleman City. En Kettleman City, el Acueducto de California del PHE sigue su trayecto hacia el sur para abastecer a explotaciones agrícolas, usuarios recreativos y municipios hasta llegar a Los Ángeles. Cuando la sequía azota California, y los flujos del Delta no pueden abastecer a los proyectos hidráulicos estatales y federales, el agua es devuelta al embalse de O'Neill y circula hacia el sur por el Acueducto de California. Durante la sesión de irrigación, el agua sale del pantano de vuelta a las unidades de bombeo y generación de Gianelli y llega al pantano de O'Neill, generando energía hidráulica. Las presas y diques de detención de Los Baños y Little Panoche protegen el canal de las corrientes que atraviesan su camino. Otros elementos de esta unidad son el desagüe de San Luis, la planta de bombeo de Pleasant Valley y el canal de Coalinga. El funcionamiento de la unidad de San Luis es bastante simple durante esos breves periodos en los que hombre y naturaleza están en armonía, pero esa sincronía se ha producido en muy raras ocasiones.

«Solo hay que añadir agua.»

«Para que este valle de esterilidad florezca y se convierta en el huerto de la nación.»

«[Un proceso] bastante simple durante esos breves periodos en los que hombre y naturaleza están en armonía.»

En el momento de terminarse las obras en 1968, la presa de San Luis había costado tres mil millones de dólares. Lo que esta inversión financiada por el contribuyente representaba para el Distrito Hidráulico Oeste del San Joaquín era que varios centenares de plantadores, la mayoría corporaciones, iban a tener asegurada el agua, las acequias y unos enormes aspersores automáticos que se movían todo el día siguiendo al sol. Aquellos plantadores también tendrían asegurados «subsidios de irrigación», que en 1987, de acuerdo con *The Great Central Valley* de Gerald Haslam, ascendían a veintisiete millones de dólares, once de los cuales se los embolsaba la Southern Pacific Land Company. «No se puede doblegar al ferrocarril» era una frase habitual durante mi infancia, pero yo nunca me había aventurado a analizar su aplicación local.

6

Hollister, la población del condado de San Benito cerca de la cual Frank Norris pasó el verano de 1899 a fin de recabar información para *The Octopus*, lleva el nombre de William Welles Hollister, un inmigrante de Ohio que adquirió entonces las tierras donde se construiría la ciudad. En 1852 William Welles Hollister había llevado unas trescientas cabezas de ganado desde Ohio hasta California, las había vendido y había regresado a casa. En 1853 volvió a hacer la travesía, ahora llevando ovejas en lugar de reses, cinco mil cabezas. Esta vez se quedó, y a lo largo de los veinte años siguientes él y dos socios suyos, Albert y Thomas Dibblee, acumularon unas ochenta y una mil hectáreas de tierras de ranchos, desde los condados de Monterrey y San Benito hasta Santa Bárbara en el sur. William Welles Hollister era el propietario único de dieciséis mil hectáreas solo en el condado de Santa Bárbara, los distintos ranchos conocidos de forma colectiva como «el Rancho Hollister», que en el momento de su venta a finales de la década de 1960 incluían los más de treinta kilómetros de línea de costa que iban hasta Punta Concepción en el sur y constituían una de las últimas propiedades costeras intactas de esa envergadura entre las fronteras de Oregón y México.

Aquellas propiedades tan extensas, habitualmente compradas con muy poco capital, no eran del todo inusuales en la época de su adquisición, y de hecho William Welles Hollister y los hermanos Dibblee ni siquiera se contaban entre los mayores propietarios privados. En 1882, Richard O'Neill y James Flood juntos compraron más de ochenta mil hectáreas a ambos lados de la frontera entre los condados de Orange y San Diego, una propiedad que no se dividiría hasta 1940, cuando los herederos de Flood se quedaron con las hectáreas de San Diego y los de O'Neill se quedaron la parte de Orange. En una parte más septentrional del condado de Orange los herederos de James Irvine tenían las treinta y ocho mil hectáreas que este había adquirido en la década de 1870 sumando las hectáreas originalmente concedidas a las familias Sepúlveda y Yorba, una propiedad que se extendía desde las montañas hasta el mar y que cubría una quinta parte del condado. Para cuando James Ben Ali Haggin y Lloyd Tevis unieron sus propiedades en 1890 bajo la titularidad de la Kern County Land Company, ya habían adquirido por todo el sudoeste más de seiscientas mil hectáreas, un tercio aproximadamente en el valle de San Joaquín. Henry Miller, otro gran terrateniente, que en una ocasión dijo que podía llevar su ganado desde Oregón hasta la frontera mexicana y ponerlos a dormir cada noche en sus tierras, había llegado a San Francisco en 1850 con seis dólares en el bolsillo y se había puesto a trabajar de carnicero. En menos de veinte años él y su socio, Charles Lux, también carnicero en San Francisco, habían obtenido el control de entre cuatro y cinco millones de hectáreas en California, seiscientas mil de su propiedad y el resto en forma de derechos de pasto, unas extensiones enormes adquiridas en su mayoría por medio de interpretaciones imaginativas de la letra pequeña de la legislación federal.

Miller, por ejemplo, hacía tratos con veteranos de guerra hambrientos de dinero en efectivo y adquiría a precios rebajados las opciones de compra de tierras que les correspondían a estos como recompensa por su servicio. También hizo un uso hábil de la Ley de Reclamación federal de 1850, que le había entregado las «marismas y zonas inundadas» al estado, que a su vez las había vendido («regalado prácticamente», como dijo Charles Nordhoff en 1874) por 2,8 dólares y 3,12 dólares la hectárea, una cantidad que se devolvía a todo comprador que pudiera demostrar que estaba trabajando las tierras. Henry Miller fue responsable de que se clasificaran partes extensas de California como ciénagas, a base —según cuenta una popular historia— de enganchar un tiro de caballos para que remolcaran un bote de remos por las tierras en cuestión. Y en aquella época esta no era una estrategia nada infrecuente: *Power and Land in California*, el informe de 1971 preparado por el Grupo de Trabajo de Ralph Nader y más tarde publicado con el título *Politics of Land*, señalaba que dos de los agrimensores responsables de clasificar tierras como «marismas y zonas inundadas» dejaron su cargo cada uno con más de ciento veinte mil hectáreas.

Aquellos terratenientes no tenían demasiado interés en presentarse a sí mismos como propietarios de granjas o fincas según el modelo del Este de Estados Unidos, que equivalía a decir el modelo inglés. William Henry Brewer, cuando salió de Pensilvania en 1860 para ayudar a Josiah Dwight Whitney a llevar a cabo la primera prospección geológica de California, se quejaba de que un hombre que poseía treinta mil hectáreas entre Gaviota Pass y San Luis Obispo vivía «la mitad de bien de lo que viviría un hombre del Este que poseyera una granja de cuarenta hectáreas ya pagada». Casi un siglo después, Carey McWilliams, en su libro *California: The Great Exception*, señalaba la ausencia casi total de vida «rural» convencional en California, que si hubiera sido un país independiente habría constituido el séptimo mayor productor agrícola del mundo: «Los grandes plantadores y proveedores "cultivan por teléfono" desde sus sedes en San Francisco o Los Ángeles. Hoy en día muchos de ellos viajan exclusivamente en avión para visitar sus diversas "operaciones". [...] Su relación con la tierra es igual de desapegada que la de los trabajadores inmigrantes que contratan». Vivir como granjeros habría sido, para los compradores de dichas operaciones, un concepto desconcertantemente foráneo, dado que sus propiedades tenían una finalidad completamente distinta: eran fichas temporales en el gran juego de la formación de capital.

Esto es bien conocido, y sin embargo sigue siendo un fenómeno que muchos californianos pasan por alto, sobre todo aquellos que tienen algún interés emocional en alguna versión magnificada del periodo de la fundación. La heroína de *El valle de la Luna* de Jack London, Saxon Brown, cuando llegan a Oakland los malos tiempos y los problemas con los sindicatos, se descubre «soñando con los días idílicos de su gente, cuando no vivían en ciudades ni se veían atacados por sindicatos de trabajadores ni asociaciones de empleados. Se acordaba de las historias de autosuficiencia que contaba la gente mayor, de cuando cazaban o criaban su propia carne, de cuando plantaban sus verduras, eran sus propios herreros y carpinteros, se hacían los zapatos, sí, y tejían ellos mismos la ropa que llevaban. [...] La vida de granjero debía de estar bien, pensó. ¿Por qué tenía que vivir la gente en ciudades? ¿Por qué habían cambiado los tiempos?». De hecho, en California casi nadie habla de «granjeros», en el sentido que se le da a la palabra en otras partes del país, y sin embargo la persistente teoría de una agricultura y una ganadería autosuficiente sigue enturbiando la visión retrospectiva. Lo que en la práctica fue la monopolización subvencionada de California suele reinventarse como «asentamiento» (llegaron los colonos y el desierto floreció) o bien, de forma más idealizada, como una especie de compromiso previsor por parte de los compradores, una dedicación a la vida en comunión con la naturaleza elemental y con un pasado patricio superado.

«Todos participábamos en el embrujo de unas tierras inmensas de propiedad privada —escribió una de los siete nietos de William Welles Hollister, Jane Hollister Wheelwright, en *The Ranch Papers: A California Memoir*, el libro que publicó en 1988, unos veinte años después de la venta del Rancho Hollister—. Vivíamos en un mundo fantástico pero real que habíamos descubierto nosotros; kilómetros cuadrados de terreno infranqueable, ganado salvaje amenazando por el camino, coyotes solitarios que aullaban como manadas enteras, pumas bramando, tormentas que derribaban robles gigantes, incendios forestales que duraban semanas y calcinaban sierras enteras.» Su padre, nos cuenta, «casi nunca llevaba sus *chapaderos*», y no usaba su silla de montar con incrustaciones de plata, «pero nuestros jornaleros mexicanos lo conocían como lo que era. Lo llamaban el Patrón». En 1961, tras la muerte del padre, la hija regresa sola al rancho y en ese momento de sus memorias aparece la primera sombra en el embrujo: «No fue nadie a recibirme; ni siquiera los jornaleros —escribe—. No me dispensaron ninguno de los honores y reconocimientos que le daban automáticamente al Patrón. El rancho parecía desierto. Me evitaban deliberadamente. Deambulando sin rumbo, me encontré adentrándome en el cañón que se extendía por la parte de detrás de la antigua casa familiar. […] Mi decepción por no ver a nadie no tardó en disiparse. Por lo menos las tierras sí estaban allí para darme la bienvenida».

La sensación que tiene Jane Hollister Wheelwright de sus derechos sobre la tierra parece, en *The Ranch Papers*, menos intensa que la de otros muchos herederos, más complicada y hasta torturada. A los Hollister, concluye, «se les había dado la oportunidad de vivir una parte de la historia, de experimentar una era prácticamente extinta en el resto de California». Sigue siendo reticente a hacer frente a las contradicciones de esa historia. Su idea de lo que representaba la tierra sigue estando magnificada, y de la forma ya conocida. Menciona de pasada que el rancho mantenía «un rebaño grande de reses Hereford de cara blanca», pero no transmite impresión alguna de una explotación ganadera en funcionamiento. Ve a su padre como «uno de los últimos caballeros ganaderos de la era de los grandes ranchos familiares de California». Nos cuenta que ella y su hermano mellizo «crecimos sumidos en un trance, como sonámbulos, aturdidos por el gigantesco abrazo de la tierra», y acompaña una fotografía de sí misma a los veinte años con una cita supuestamente significativa de *A Sand County Almanac* de Aldo Leopold: «Hay dos clases de personas: las que pueden vivir sin cosas salvajes y las que no».

Sin embargo, a la edad de veinticuatro años ella parece haber escogido deliberadamente vivir sin cosas salvajes: se casó con un psiquiatra, Joseph Wheelwright, se psicoanalizó con Carl Jung, se convirtió en una analista aficionada, dio a luz a una hija en China y a un hijo en Londres, y volvió a California con su marido para fundar, en 1943 en San Francisco, el primer centro de formación junguiana. La descripción que ofrece de su regreso al rancho en 1961 es sugerente. Este tipo de regresos, nos dice, supone un sabio proceso de «captar el espíritu del lugar», de liberarse de las «exigencias de la ciudad». Había llegado a entender la necesidad de cultivar «la calma» por medio de la «monotonía de caminar», de acelerar el proceso de lo que los demás podrían llamar por otros nombres pero que ella llamaba «la gran decepción»: «Nuestra costa siempre requiere un descenso. Para quienes son nuevos en el lugar ese descenso se experimenta a menudo como una sensación desagradable de encierro, como una depresión inmovilizadora».

Lo que al parecer tenemos aquí, por tanto, es la historia de un padre acaparador, de un padre que se retiró a la enorme propiedad que le permitiría jugar a ser el Patrón (incluso la hija que lo venera menciona, disfrazándola de virtud, «su capacidad de ser pasivo»), y de una hija, Jane Hollister, que corría llena de culpa en pos de la luz del sol. Pese a todo, fue Jane Hollister Wheelwright, y no sus hermanos o primos, quien heredó del padre en 1961 el poder de voto que le conferían más de la mitad de las acciones de los ranchos. «Mi padre debía de saber que yo era igual de testaruda que él y que intentaría hacer frente a los problemas; y que, siendo la única mujer, quedaría al margen de la competitividad masculina —escribió en *The Ranch Papers*—. Pero el escándalo que causó aquello se añadió a la situación ya existente, de manera que empezaron las disputas entre los siete que éramos.» El hecho de que la naturaleza de estas disputas no se explique en *The Ranch Papers* es una laguna significativa. Parece que se centraron, ya que la necesidad de vender era un hecho, en los términos de la venta: a quién, por cuánto dinero y a cambio de qué acuerdos contingentes. Da la sensación de que la hija quizá favoreciera, seguramente más que sus hermanos y primos, al que terminó siendo el comprador: un promotor inmobiliario de Los Ángeles, al que se describe en *The Ranch Papers*, también en términos idealizados, como «un hombre de Los Ángeles emprendedor pero con conciencia medioambiental», cuyo plan era reclasificar la propiedad en forma de parcelas de cuarenta hectáreas y presentar el conjunto como un retiro planificado y exclusivo.

En California, igual que en todas partes, un comprador que tenga un plan para una urbanización de tan poca densidad significa algo muy concreto: se trata de un comprador que tiene intención de pagar menos por las tierras que otro que tenga un plan de urbanización más intensivo. Durante los mismos años en que los Hollister se estaban peleando por esta cuestión, la bisnieta de James Irvine, Joan Irvine Smith, otra persona que había «participado en el embrujo de unas tierras inmensas de propiedad privada», estaba librando la misma clase de batalla familiar, pero desde una posición distinta: fue Joan Irvine la que insistió con éxito, frente a la oposición de algunos miembros de su familia, en que las treinta y dos mil hectáreas que quedaban en el rancho Irvine del condado de Orange se urbanizaran de forma intensiva. Aún no está resuelta la cuestión de si la decisión que tomó Jane Hollister de dividir el rancho de su abuelo en parcelas de cuarenta hectáreas estaba más en sintonía con el espíritu del lugar que la decisión muy distinta de Joan Irvine. Me acuerdo de haber visto a principios de los setenta anuncios de lo que se conocería como el «Rancho Hollister» que hacían énfasis en cuán pocos y selectos eran los triunfadores que podían permitirse vivir allí. Se da el caso de que mi padre había asistido a Berkeley con uno de los Hollister, alguien con edad de haber sido uno de los hermanos o primos de Jane Hollister; no me acuerdo de su nombre y mi padre está muerto. Solo me acuerdo de esto porque, cada vez que conducíamos al sur y de nuevo en el momento de la venta del rancho, mi padre mencionó que el esfuerzo de mantener su propiedad intacta había dejado a los Hollister, a principios de la década de 1930, durante la Gran Depresión, sin dinero para que uno de sus hijos terminara los estudios en Berkeley. Esto me lo explicaba a modo de lección, no sé muy bien de qué.

La lección que Jane Hollister Wheelwright aprendió de la venta del rancho familiar, procediendo como ella hizo desde lo que viene a ser una fábula de confusión, tenía que ver con lo que ella llamaba la «cuestión discutible»: «Si la tierra puede pertenecer a alguien o si es uno el que pertenece a la tierra». Como era previsible, llegó a la conclusión de que la tierra no pertenecía a nadie. Pero no era así: para cuando se vendió el Rancho Hollister, a finales de la década de 1960, de acuerdo con un informe del Grupo de Estudio de Ralph Nader sobre los usos de la tierra en California, todavía había un millón de hectáreas en manos de la Southern Pacific. Más de doscientas mil hectáreas estaban en manos de la Shasta Forest Company. Ciento treinta y cinco mil hectáreas en manos de Tenneco y la misma cifra respectivamente para la Tejon Ranch Company, la Standard Oil y la Boise Cascade. La Georgia Pacific tenía ciento doce mil hectáreas. La Pacific Gas & Electric tenía cien mil. La Occidental Petroleum tenía 81.000, la Sunkist 77.700, la Pacific Lumber 69.200, la Fibreboard Incorporated 63.000, y la Newhall Land and Farming Company 61.000. Un total de 546.343 hectáreas más se las repartían la American Forest Products, la Times Mirror, la Penn Central, la Hammond Lumber, la Kaiser Industries, la Masonite Corporation, J. G. Boswell, la International Paper, la Diamond International Corporation, la Vail, Miller & Lux y la Irvine Ranch Company. Algunas de estas eran compañías de California y otras no. Todas jugaron un rol a la hora de determinar qué posibilidades de California iban a cumplirse y qué otras se frenarían. La mayoría estaban diversificadas y no les interesaba lo que creciera o pastara en sus tierras más de lo que a Jane Hollister, hasta otro punto, le había interesado lo que creciera o pastara en las suyas, pero todas habían sido más rápidas de lo que demostraron ser los Hollister.

La madre de Jane Hollister, Lottie Steffens Hollister, era hermana de Lincoln Steffens, que escribió *The Shame of the Cities* y que más adelante diría, refiriéndose a la Unión Soviética, que había visto el futuro y funcionaba. Lincoln Steffens era el «tío Steffie» de Jane Hollister y ella su «Lady Jane». Los hijos de los Steffens habían crecido en una casa de Sacramento situada a pocas manzanas de la casa en la que había nacido mi padre en 1908. La casa de los Steffens más tarde se convertiría en la Mansión del Gobernador, en la que tanto Jerry Brown como su hermana Kathleen vivieron durante los años en que su padre, Edmund G. («Pat») Brown fue el trigésimo segundo gobernador de California. Por su parte, Jerry Brown fue el trigésimo cuarto gobernador de California. Kathleen Brown, en 1994, intentó sin éxito convertirse en la trigésimo séptima. Yo fui a Berkeley con su hermana Barbara. La vida de California está llena de conexiones —y sin embargo, como sucede con el hecho de que el Millet de Charles Crocker sea la inspiración de «El hombre de la azada» de Edwin Markham— hay mucho que no encaja: mi abuelo materno, que vivió en Sacramento pero creció en la sierra de Georgetown, en el condado de El Dorado, siguió convencido hasta el día de su muerte de que Edwin Markham, que había sido superintendente de escuelas del condado de El Dorado entre 1882 y 1886, no escribió «El hombre de la azada», sino que el poema se lo dio, en palabras de mi abuelo, «un inmigrante que había llegado a pie y a quien Markham se lo había comprado por una pequeña suma, ayudándolo de esa forma en su viaje». Mi abuelo parecía tener en su banco de memoria un dosier bastante completo sobre Edwin Markham (los nombres de sus tres esposas, las fechas de su llegada a California, de él y de las esposas, y hasta las casas en las que habían vivido), y podía ser bastante insistente acerca de la que él consideraba la verdadera procedencia de «El hombre de la azada», pero al mismo tiempo su actitud hacia la supuesta apropiación era lo bastante ambigua como para moverme, de niña, a preguntarle en una ocasión a mi madre si no habría sido mi abuelo aquel inmigrante que viajaba a pie. «Tu abuelo no fue un inmigrante», dijo mi madre, cerrando de una vez por todas la cuestión.

Jane Hollister Wheelwright, que había nacido en Sacramento, sintió como una especie de muerte la intrusión en el Rancho Hollister de dos oleoductos de la Chevron («Estoy convencida de que su aparición en el rancho solo puede significar una cosa: una expresión más de la arrogancia histórica del hombre y de su odio a la naturaleza»), y sin embargo, todavía operando desde el seno de la fábula de un pasado personal idealizado, no la molestaba, y de hecho la reconfortaba, la presencia de la compañía ferroviaria Southern Pacific, que su abuelo había apoyado activamente y a la que había concedido un derecho de paso de veinte metros a lo largo de la costa. Durante sus paseos a caballo de despedida por el rancho contemplaba la aparición diaria del *The Daylight*, el principal tren de pasajeros de la Southern Pacific con destino a Los Ángeles, y señalaba que «aquel parecía ser su lugar, y no estropeaba lo más mínimo el sentimiento de la costa. Los ruidos que hacía me recordaban a mi infancia, cuando no teníamos otra forma de saber la hora y el ruido del silbato a lo lejos significaba que llegábamos irremediablemente tarde al almuerzo».

El octavo gobernador de California, Leland Stanford, era en el momento de su elección presidente de la Central Pacific y más tarde sería presidente de la Southern Pacific. Hiram Johnson, el vigésimo tercer gobernador de California, fue elegido como candidato reformista comprometido en quebrantar el poder de la Southern Pacific. El padre de

Hiram Johnson, Grove Johnson, había huido del norte del estado de Nueva York tras ser acusado de falsificación en 1863, se había establecido en Sacramento, se había hecho secretario del Consejo de Marismas del condado, se había visto implicado en dos escándalos de compra de votos y había sido elegido en 1877 para la Asamblea Estatal de California. «Los intereses del ferrocarril y de Sacramento son idénticos, y deberían seguir siéndolo siempre –declaró el patriarca de los Johnson durante su campaña–. Deberían trabajar juntos como marido y mujer, y solo los debería divorciar la muerte.»

Cuando Hiram Johnson fue a Berkeley en 1884, vivió en la sede de la fraternidad Chi Phi, donde también residirían cuarenta y cinco años más tarde mi padre y mi tío y el Hollister que tuvo que abandonar los estudios. Cuando años más tarde fui yo a Berkeley, viví en la sede de la Triple Delta, igual que Barbara Brown. Su padre, que todavía no era gobernador de California sino fiscal general, hablaba en nuestras cenas anuales de padres e hijas. Cuando mi hermano fue a Berkeley, cinco años después que yo, vivió en la sede de la Phi Gamma Delta, o Fiji, donde sesenta y tantos años antes había vivido Frank Norris, que seguía siendo famoso en la fraternidad por haber fundado su «Cena Porcina» celebratoria anual. Aquella era una California, en la década de 1950, tan hermética, tan aislada por la geografía y por la historia y también por deseo propio, que cuando leí por primera vez *The Octopus*, a los doce o trece años, en Sacramento, no le atribuí una relevancia personal, dado que los acontecimientos descritos no tenían lugar en el valle de Sacramento, sino en otra parte, en el de San Joaquín.

Casi nada en California, tal como se ve a ella misma, anima a sus hijos a sentirse conectados entre sí. La separación, entre el norte y el sur —y todavía más radical, entre el este y el oeste, entre la costa urbana y los valles agrícolas, y entre la costa y los valles y las regiones montañosas y desérticas que hay al este—, era profunda y estaba exacerbada por el rencor de las batallas por el agua y por las diferencias de actitud y de cultura, menos tangibles pero todavía más cargadas de rencor. Mi madre hizo el viaje de Sacramento a Los Ángeles en 1932 para ver los Juegos Olímpicos y no vio razón para volver a hacerlo durante treinta años. En el norte teníamos San Francisco, con sus edificios estilo Beaux Arts y sus eucaliptos, su nostalgia del pasado y del oeste, su «color» resueltamente pintoresco; un lugar tan remoto y amanerado como las melancólicas capitales coloniales de América Latina, e igual de aislado. Cuando estaba en Berkeley y me iba a pasar los fines de semana a Sacramento, a veces regresaba con el transcontinental *City of San Francisco* de la Southern Pacific, que no era el tren más conveniente (para empezar, siempre llevaba retraso), pero sí sugería, dado que traía el glamour de haber venido del resto de América cruzando las montañas, que nuestro aislamiento quizá no fuera una sentencia indefinida.

Ahora me doy cuenta de que me educaron para admirar una vida que era cien por cien fruto de aquel aislamiento, infinitamente romántica pero sumida en una especie de vacío, sin más antecedente que la estética, una estética que era simplemente la «bohemia» predeterminada del San Francisco decimonónico. La ropa que me ponían de niña tenía un fuerte componente prerrafaelita, colores verde y marfil apagados, rosa desvaído y una cantidad de prendas negras que, vista con perspectiva, parece excéntrica. Todavía conservo la mantilla negra que me regalaron para que me la echara sobre los hombros cuando empecé a ir a bailes, no la típica pañoleta triangular que las mujeres católicas se guardaban en los bolsillos y en las guanteras, sino varios metros de grueso encaje negro. Había sido de mi bisabuela, no tengo ni idea de por qué, ya que la bisabuela en cuestión era de Oregón y no tenía razón alguna para haberse creído aquel cuento del romanticismo de los ranchos. Vivíamos en casas oscuras y nos gustaban, con una preferencia tan clara que ejercía de prueba de carácter, el cobre y el latón ennegrecidos y con verdín. También dejábamos que se oscureciera la plata, porque se decía que eso «le resaltaba el dibujo». Todavía hoy me molesta la plata muy bruñida: se ve «nueva». Esta predilección por lo «viejo» se extendía a todas las áreas de la vida doméstica: se consideraba que las flores secas tenían un encanto más sutil que las frescas, que los grabados tenían que estar descoloridos, las alfombras desgastadas y el papel de pared clareado por el sol. Nuestro momento álgido en este sentido fue la adquisición en 1951 de una casa en Sacramento donde no se habían cambiado las cortinas de las escaleras desde 1907. Aquellas cortinas, que eran de organdí de seda dorada sin forrar (y descolorido, por supuesto), colgaban a lo largo de casi dos pisos, soltaban centelleos iridiscentes con cada soplo de brisa y si las tocabas se deshacían.

Con su énfasis en el individualismo extremo aunque infundado, aquel no era un ambiente que tendiera a una visión de la vida definida ni limitada ni controlada, o ni siquiera afectada de ninguna forma, por las estructuras sociales y económicas del mundo en general. Ser californiano era verse a uno mismo, si uno se creía las lecciones que el lugar parecía ofrecer de forma más inmediata, como alguien afectado únicamente por la «naturaleza», que a su vez se consideraba que existía simultáneamente como fuente de inspiración y de regeneración («¡Renacido!», señaló John Muir en el diario de su primer viaje a Yosemite) y como el juicio último y brutal, la fuerza que a base de garantizar la destrucción le otorgaba al lugar su peligrosa belleza. Gran parte del paisaje de California ha tendido a presentarse como metáfora, o incluso como letanía: las secoyas («pues mil años a tus ojos son como ayer»), el Mojave («en mitad de la vida estamos en la muerte»), la costa de Big Sur, el lago Mono, las grandes vistas de la Sierra, sobre todo las del valle de Yosemite, que tal como ha señalado Kevin Starr, «ofrecían a los californianos un correlato objetivo de su noción ideal de sí mismos: un pueblo animado por imperativos heroicos». Thomas Starr King vio Yosemite en 1860 y regresó a la Primera Iglesia Unitaria de San Francisco decidido a inspirar «Yosemites en el alma». Albert Bierstadt vio Yosemite en 1863 y a su regreso pintó los paisajes grandiosos que durante una docena de años le convertirían en el pintor más popularmente aclamado de América. «Algunas de las montañas del señor Bierstadt flotan en una niebla luminosa y perlada –señaló Mark Twain con causticidad–, lo cual resulta tan precioso y encantador que lamento que no las hiciera así el Creador en vez de él, para que pudieran permanecer siempre allí.»

Se podían encontrar lecciones incluso en elementos menos obviamente histriónicos: subir al monte Tamalpais en el condado de Marin al salir el sol se consideraba, en la generación de mi abuela, una experiencia transformadora positiva, igual que cualquier contemplación de aquel estrecho del Pacífico que John C. Frémont, al cartografiar la zona en 1846, había bautizado como Chrysopylae o Golden Gate (Puerta Dorada), «siguiendo el mismo principio por el que el puerto de Bizancio (más tarde llamada Constantinopla) se llamaba Chrysoceras (cuerno dorado)». Josiah Royce, en su ensayo de 1879 «Meditación ante la Puerta», reflexionaba sobre la vista del Golden Gate desde Berkeley y se prometía a sí mismo realizar sus investigaciones filosóficas «de manera independiente, ya que soy californiano, tan poco obligado a seguir la mera tradición como es poco probable que, predicando en este desierto, encuentre una audiencia; con reverencia, dado que estoy pensando y escribiendo cara a cara con una Naturaleza poderosa y encantadora, junto a cuya grandeza no soy más que un gusano».

Esto es interesante, una expresión bastante desnuda del que ha constituido el gran dilema californiano. Frente a la magnitud de Yosemite, o con el trasfondo de las vistas a través del Golden Gate del Pacífico temblando sobre sus placas tectónicas, el más pequeño movimiento de las cuales podía destruir y destruía con cierta regularidad las obras del hombre en un milisegundo, por supuesto que todos los seres humanos no eran más que gusanos, sus «imperativos heroicos» terminaban siendo fútiles y sus investigaciones filosóficas vanas. La población de California ha crecido durante mi vida de seis millones a casi treinta y cinco, y sin embargo las tres frases que me vienen a la mente cuando intento definirme California se refieren exclusivamente a su topografía, un paisaje bastante vacío de gente. La primera de esas frases viene del lenguaje de la emisión de partes meteorológicos, la segunda de John Muir. La tercera y la más persistente viene de Robinson Jeffers. «De Punta Concepción a la frontera mexicana. La sierra de la Luz. Hermoso paraje quemado una vez más /de Punta Pinos a los ríos Sur.»

Este es el momento de la experiencia californiana en que la discusión se detiene y muchas voces se apagan. Emitir partes meteorológicos se podría considerar una actividad supuestamente neutral en relación con la cuestión de si los seres humanos tienen derecho a estar en California, pero John Muir y Robinson Jeffers no podían verlo así. Muir abandonó el calvinismo de su infancia escocesa por un yermo igualmente calvinista, un paisaje en el que solo podía tolerar a los indios, porque los indios «caminan suavemente y a duras penas dañan el paisaje más que los pájaros y las ardillas, y sus chozas de rastrojos y cortezas apenas duran más que las madrigueras de las ratas cambalacheras, mientras que sus monumentos más duraderos, con la excepción de los que forjan en los bosques los incendios que provocan para mejorar sus terrenos de caza, desaparecen en unos pocos siglos». Jeffers no toleraba a nadie en absoluto, y llevó su aversión al punto de estar a favor de la guerra, que era lo único, en su opinión, que podía devolver el mundo a su «vacío», al «hueso, el hueso blanco e incoloro, la excelencia». «En nada seáis tan moderados como en vuestro amor al hombre», les aconsejó a sus hijos gemelos, y se refería a la humanidad como un «experimento fallido que se ha salido de madre y que habría que detener». Lo acusaron de «protofascismo». Él se denominaba «inhumanista». (Como dice un post de la página web de los Estudios sobre Jeffers, «me interesa la relación entre el inhumanismo y el ecologismo profundo y agradecería cualquier comentario al respecto».) Para muchos parecía un blanco fácil: su poesía podía ser pretenciosa y sus actitudes desagradables. Leído in situ, sin embargo, Jeffers tiene una lógica fatídicamente seductora: «Arden como antaño con amargos prodigios, la tierra y el océano y las aguas de Carmel». Y: «Cuando yacen las ciudades a los pies del monstruo, quedan las montañas».

«Estoy pensando y escribiendo cara a cara con una Naturaleza poderosa y encantadora —escribió Josiah Royce—, junto a cuya grandeza no soy más que un gusano.» De hecho, parece que Royce mantuvo un estado de alerta agotador pero finalmente vano contra la corriente de resaca de aquel nihilismo local. Su libro de 1886 *California: A Study of American Character* llevaba en la página titular estas frases curiosas pero premonitorias, pronunciadas por Mefistófeles en el Prólogo a *Fausto*: «Poca luz puedo arrojar sobre mundos y soles / nada veo más que humanos y sus lastimosas tribulaciones». Con sesenta años, y desesperado ante la perspectiva de la Primera Guerra Mundial y a pocos meses de sufrir lo que sería un derrame mortal, se encontró en Harvard Yard con uno de sus alumnos, Horace Kallen, que, según se cuenta en *Josiah Royce: From Grass Valley to Harvard* de Robert V. Hine, relató que «cuando lo saludé, sus ojos redondos y azules me miraron fijamente y sin reconocerme. Y luego dijo con voz vagamente más débil: "[…] Está usted del lado de la humanidad, ¿verdad?"». Pocos meses antes, describiéndose a sí mismo como «socialmente inoperante de cara al "juego de equipo" propiamente dicho, ignorante en materia política, ineficaz miembro de comités y malo a la hora de contribuir a los proyectos sociales concretos», así como «bastante inconformista y predispuesto a cierto grado de rebelión», Royce había reconocido que la idea de comunidad a la que había dedicado su carrera le seguía resultando en gran medida ajena: «Cuando reviso todo este proceso, tengo la fuerte sensación de que mis motivaciones y problemas más profundos se centran en torno a la Idea de la Comunidad, aunque esta idea solo ha ido llegando de forma gradual con claridad a mi conciencia. Esto era lo que yo sentía con intensidad durante la época en que mis hermanas y yo contemplábamos el valle del Sacramento, y nos preguntábamos por el gran mundo de allende nuestras montañas. […] Una gran parte del espíritu que se opone a la comunidad lo tengo y lo he tenido siempre dentro, de forma simple, profunda y elemental».

«Una gran parte del espíritu que se opone a la comunidad»: por supuesto que lo tenía dentro, considerando lo que era: «[…] porque soy californiano —había escrito él mismo— tan poco obligado a seguir la mera tradición […]». En 1970 pasé un mes en el Sur, en Luisiana, Alabama y Misisipi, creyendo equivocadamente que si llegaba a entender las diferencias entre el Oeste y el Sur, que había suministrado a California una buena parte de sus colonos originales, entendería California. Royce le había dado vueltas a la misma pregunta: «Muy pronto [...] esta mezcla relativamente pacífica de estadounidenses del Norte y del Sur ya había afectado profundamente el tono de la vida californiana —señaló en *California: A Study of American Character*–. El modelo del hombre norteño que ha adoptado las costumbres sureñas, y no siempre las mejores costumbres sureñas, se ha seguido a menudo en la vida de California. [...] A menudo ese hombre ha seguido al sureño, y con frecuencia, con el paso del tiempo, se ha asimilado en parte a la civilización sureña». En 1970 cobré conciencia de una de las diferencias entre el Oeste y el Sur: en el Sur seguían convencidos de que habían ensangrentado su tierra con la historia. En California no creíamos que la historia pudiera ensangrentar la tierra, ni siquiera afectarla.

7

Thomas Kinkade nació a finales de la década de 1950 y se crio en Placerville, condado de El Dorado, donde su madre los mantuvo a él y a sus hermanos trabajando de notaria, a destajo, a cinco dólares el documento. El padre les había abandonado. Durante una buena parte del tiempo la familia vivió en una caravana. A principios de la década de 1990, «Thomas Kinkade» ya era un fenómeno, una marca él mismo, un vendedor nato capaz de tocar un globo de nieve o una taza de cerámica o una lamparilla de noche o un sillón reclinable con la magia de su nombre y convertirlo en dinero, un pintor de tanto éxito que a finales de la década ya existían por todo Estados Unidos 248 galerías de la «firma Kinkade», setenta y ocho de ellas solo en California, la mayoría en centros comerciales o zonas turísticas, por ejemplo cuatro en Monterrey y otras cuatro en Carmel, a dos salidas de distancia por la Autopista 1. Como por entonces existían muy pocos óleos originales de Thomas Kinkade en venta, y los que existían habían pasado de costar unos quince mil dólares a principios de los años noventa a más de trescientos mil en 1997, las pinturas que se vendían en aquellas 248 galerías de la «firma Kinkade» eran reproducciones sobre lienzo, cuyos precios iban de los novecientos dólares a los quince mil, y eran obra de cuatrocientos cincuenta empleados que trabajaban en la factoría de más de nueve mil metros cuadrados que tenía en Morgan Hill el Media Arts Group Incorporated (o «MDA» en la Bolsa de Nueva York), cuyo producto era Thomas Kinkade.

Cuesta definir la pasión con que los compradores se aproximaban a aquellas imágenes de Kinkade. El director de una de las galerías de California que los tenía me contó que no era inusual vender seis o siete de golpe, a unos compradores que ya poseían diez o veinte, y que los compradores con los que trataba conferían a las imágenes «una carga emocional considerable». Las pinturas de Kinkade estaban típicamente hechas en tonos pasteles un poco surrealistas. Típicamente mostraban una cabaña o una casa tan sumamente acogedora que terminaba resultando siniestra, como una trampa diseñada para atraer a Hansel y Gretel. Todas las ventanas estaban iluminadas, produciendo un efecto demasiado chillón, como si el interior de la estructura pudiera estar en llamas. Las cabañas tenían techados de paja y parecían casitas de pan de jengibre. Las casas eran victorianas y parecían fondas idealizadas, y había por lo menos dos establecimientos de ese tipo en Placerville, la casa Chichester-McKee y la casa Combellack-Blair, que afirmaban haber sido los modelos de las pinturas «navideñas» de Kinkade. «Hay mucha belleza aquí que presento de forma caprichosa y encantadora», admitió Kinkade en declaraciones al *Mountain Democrat* de Placerville. Se hacía llamar el «Pintor de la Luz», y las postales que Media Arts suministraba a sus galerías llevaron todas durante un tiempo esta leyenda: «Thomas Kinkade es reconocido como el mayor pintor vivo de la luz. Su uso magistral de los difuminados y de los colores luminosos les otorga a sus enormemente detalladas pinturas al óleo un resplandor propio. Este extraordinario "resplandor Kinkade" ha creado una demanda abrumadora de las pinturas y las litografías de Thomas Kinkade por todo el mundo».

El «resplandor Kinkade» puede considerarse una herencia espiritual de la «niebla luminosa y perlada» en las pinturas de Bierstadt de la que Mark Twain se había burlado, y con independencia del nivel de ejecución, hay ciertos parecidos inquietantes entre ambos pintores. «Después de completar mi reciente estudio *plein air* del valle de Yosemite, la majestuosidad de las montañas se negó a dejarme —escribió Kinkade en junio de 2000 en su página web—. Mientras mi familia deambulaba por el centro para visitantes del parque nacional, descubrí una llave para acceder a mis fantasías: una recreación de un poblado de los indios miwok. Al regresar a mi estudio me puse a trabajar en *Las montañas declaran su gloria*, una expresión poética de lo que había sentido en aquel momento transformador de inspiración. A modo de toque final, incluso añadí un campamento indio miwok junto al río a modo de afirmación de que el hombre tiene su lugar incluso en un escenario tocado por la gloria de Dios.»

Afirmar que el hombre tiene su lugar en la Sierra Nevada reproduciendo la recreación del poblado indio miwok del centro para visitantes del parque nacional, puede considerarse una empresa dudosa a muchos niveles (uno de ellos es que durante la Fiebre del Oro a los miwok de Yosemite se los recluyó a la fuerza en una reserva de las inmediaciones de Fresno y no se les permitió regresar a Yosemite hasta 1855), pero ¿acaso la visión de la Sierra de Thomas Kinkade es más sentimental que la de Albert Bierstadt? ¿Acaso no estaban los pasos divinamente iluminados de la Sierra de Bierstadt destinados a confirmar la culminación exitosa de nuestro destino manifiesto? ¿Fue casualidad que Collis P. Huntington le encargara a Bierstadt una pintura para celebrar la conquista del paso de Donner por parte de la Central Pacific Railroad? ¿Acaso el triunfalista *Lago Donner desde la cima* de Bierstadt no es una revisión deliberada en este sentido del lugar que encarnaba con mayor claridad la ambigüedad moral del asentamiento de California? Esta era la lección que extraía del paso en cuestión una de las criaturas supervivientes de la expedición Donner, Virginia Reed, que le escribió a su prima: «Oh, Mary, no te he contado la mitad de los problemas que tuvimos, pero sí te he contado lo bastante como para darte una idea de los problemas. Pero gracias a Dios somos la única familia que no comió carne humana. Lo hemos abandonado todo, pero eso no me importa. Hemos salido vivos. No dejes que esta carta desaliente a nadie. Acuérdate: no cojáis ningún atajo y apresuraos tanto como podáis».

«Acuérdate: no cojáis ningún atajo y apresuraos tanto como podáis.»

¿Acaso la versión predilecta de nuestra historia reflejaba el horror ingenuo y el horizonte moral limitado del testimonio de primera mano de Virginia Reed?

¿O bien había llegado a parecerse más al perfeccionamiento inspirador que era el *Vista del Lago Donner desde la cima* de Bierstadt?

Las confusiones inherentes a la historia de la travesía pueden verse reflejadas de un modo no intencionado en *El valle de la Luna* de Jack London, la novela de 1913 protagonizada por la joven Saxon Brown. En el momento en que conocemos a Saxon, es huérfana y vive con su atribulado hermano socialista y la malhumorada esposa de este y se pasa seis duros días a la semana trabajando de planchadora a destajo en una lavandería de Oakland. En su noche libre de sábado, Saxon y una amiga de la lavandería derrochan su dinero en entradas para ir a un picnic popular, donde Saxon conoce a un camionero huérfano como ella, Billy Roberts, a quien confiesa que le pusieron ese nombre por «los primeros ingleses, y ya sabes que los americanos vienen de los ingleses. Somos sajones, tú y yo, y Mary y Bert y todos los americanos que son americanos de verdad, ya sabes, y no italianos ni japos ni esas cosas». Si esto nos parece un criterio endeble para determinar la identidad de cualquiera, no se lo debía de parecer a London, quien, tal como Kevin Starr señaló en *Americans and the California Dream*, una vez protestó cuando lo detuvieron por vagancia sosteniendo ante el tribunal que «no habría que tratar así a ningún americano viejo cuyos antepasados lucharon en la Revolución Americana». Starr describe el momento en que pese a todo el juez lo sentenció a treinta días como «uno de los más traumáticos» de la vida de London.

Cuando Billy Roberts le asegura que él también es un americano «de verdad», que la familia de su madre «desembarcó en Maine hace siglos», Saxon le pregunta de dónde era su padre. Y a continuación viene esta extraordinaria conversación:

–No lo sé. –Billy se encogió de hombros–. Él mismo no lo sabía. Nadie lo supo nunca, aunque era americano al cien por cien.

–Tiene apellido de americano viejo normal –sugirió Saxon–. Ahora mismo hay un importante general inglés que se llama Roberts. Lo he leído en la prensa.

–Pero mi padre no se apellidaba Roberts. Nunca supo cómo se apellidaba. Roberts era el apellido del buscador de oro que lo adoptó. Mira, pasó lo siguiente. Cuando estaban combatiendo allí contra los indios modoc, muchos mineros y colonos tomaron las armas. Roberts era capitán de una tropa, y una vez, durante un combate, sus hombres tomaron muchos prisioneros, indias y niños y bebés. Y uno de los niños era mi padre. Calcularon que tendría cinco años. No sabía hablar más que indio.

Saxon dio una palmada y le centellearon los ojos:

—¡Lo habían capturado en una incursión india!

—Eso es justamente lo que supusieron. —Billy asintió con la cabeza—. Se acordaron de una caravana de carromatos de colonos de Oregón que habían muerto a manos de los indios hacía cuatro años. Roberts lo adoptó y por eso no sé cómo se apellidaba de verdad. Pero puedes estar segura de que cruzó las llanuras igualmente.

—Mi padre también —dijo Saxon con orgullo.

—Y mi madre —añadió Billy, con la voz llena de orgullo—. O en cualquier caso, le faltó poco para cruzar los llanos porque nació en un carromato junto al río Platte al poco de partir.

—Y mi madre también —dijo Saxon—. Tenía ocho años e hizo la mayor parte del camino a pie después de que los bueyes empezaran a caer.

Billy ofreció su mano.

—Chócala, chica —dijo—. Somos como viejos amigos, porque venimos de la misma clase de familia.

Con los ojos brillantes, Saxon extendió también la mano y se dieron un apretón solemne.

—¿No es maravilloso? —murmuró—. Los dos somos americanos de pura cepa.

Dar por sentado que London estaba usando la ironía, que su intención era subrayar la distancia entre la situación real de Saxon y Billy y sus ilusiones de pertenecer a un linaje superior, sería malinterpretar *El valle de la Luna*. «Los tiempos han cambiado —se quejó Saxon a Billy—. Cruzamos las llanuras e hicimos más grande este país y ahora estamos perdiendo incluso la oportunidad de ganarnos la vida en él.» Esto le cala hondo a Billy, y cuando los dos se encuentran con un próspero asentamiento portugués, comenta: «Parece que a los americanos nacidos libres ya no les queda sitio en su propia tierra». Una reflexión más de Billy: «Fue nuestra gente quien creó este país. Quien luchó por él, lo agrandó, quien lo hizo todo…».

Esta agresividad respecto a la cuestión de la inmigración no era ni mucho menos una actitud poco habitual en California, que durante la época en que London escribía ya tenía una historia tenaz de patrullas de justicieros y de legislación excluyente. «La aterradora ceguera que muestran los primeros estadounidenses de California hacia los forasteros resulta casi ininteligible», escribió Josiah Royce en 1886 sobre la violencia y los linchamientos a los que habían estado sometidos en las minas de oro los «extranjeros», sobre todo los sonorenses pero también los chinos y los indios digger nativos. Sesenta y pico años después que Royce, Carey McWilliams caracterizaba, en *California: The Great Exception*, la hostilidad local generalizada hacia los asiáticos como «una necesidad social y mental de la situación», el «dispositivo negativo» por medio del cual un estado compuesto de forasteros recién llegados había sido capaz de formarse la ilusión de una comunidad cohesionada en contra de la amenaza de los nacidos en suelo extranjero.

Esta hostilidad no era ni mucho menos desconocida en partes más pobladas del país, pero casi nunca se encontraba tan intrincadamente codificada en la legislación. El Impuesto a las Licencias de Mineros Extranjeros de 1850 le gravaba una cuota mensual a todo no ciudadano que quisiera abrir una explotación. En 1854, una ley ya existente que prohibía a los negros y los indios prestar declaración ante un tribunal se extendió también a los chinos. En 1860 la legislatura estatal vetó de las escuelas públicas a «mongoles, indios y negros»; en 1879 prohibió a los chinos trabajar en corporaciones o en proyectos de obras públicas; y en 1906 enmendó una ley ya existente contra el mestizaje para incluir a los chinos. Las leyes estatales de Tierras y Extranjeros de 1913 y 1920 prohibirían en la práctica que tanto los asiáticos como sus hijos nacidos americanos pudieran poseer tierras.

Con este espíritu partieron aquellos dos americanos «de verdad», Saxon y Billy, en busca de tierras del gobierno, de las sesenta y cuatro hectáreas gratuitas que en su opinión les correspondían por derecho. Aquel convencimiento de que estaban en su derecho era otra característica habitual de California, y una característica particularmente complicada, puesto que por supuesto la idea de depender del gobierno iba en contra de la imagen preferida que tenían de sí mismos la mayoría de los californianos. Y sin embargo, aquella dependencia ya era por entonces casi total. Como ya hemos visto, había sido el dinero federal, invertido en nombre de un amplio espectro de intereses comerciales, el que había construido el ferrocarril y había abierto el estado al resto del mundo. Como hemos visto, había sido y sería nuevamente el dinero federal, invertido en nombre de un amplio espectro de intereses comerciales, el que había creado lo que localmente ya ni siquiera se llamaba industria agropecuaria, solo «ag». El razonamiento que resuelve esta contradicción es, en *El valle de la Luna*, bastante primitivo: el gobierno les debe a Saxon y a Billy tierras gratis, razona Billy, «por lo que hicieron nuestros padres y madres. Te lo digo, Saxon, cuando una mujer cruza a pie las llanuras como hizo tu madre, y cuando un hombre y su mujer son masacrados por los indios como les pasó a mis abuelos, el gobierno les debe algo».

La tierra en la que Saxon y Billy se terminan estableciendo es el valle de la Luna, una ubicación real del condado de Sonoma, y su descubrimiento presagia muchos de los sentimientos dudosos que más tarde saldrían a la superficie en los cuadros de Thomas Kinkade. Llegan al valle justo cuando «los fuegos del crepúsculo, refractados desde la comitiva de nubes del cielo otoñal» tiñen el paisaje de «escarlata». Ven un arroyo que «canta» para ellos. Ven «círculos de hadas» de secoyas. Ven a lo lejos a un hombre y una mujer, «codo con codo, la delicada mano de la mujer encogida dentro de la mano del hombre, que parecía hecha para otorgar bendiciones». Este lazo mágico se prolonga, nuevamente como si hubiera sido tocado por el resplandor Kinkade:

> Quizá la estampa que ofrecían Saxon y Billy fuera igual de impresionante y de hermosa, mientras caminaban en el dorado atardecer. Las dos parejas solo tenían ojos el uno para el otro. La mujercilla sonreía con gozo. Al hombre se le iluminaba la cara ante la bendición que reverberaba en aquella sonrisa. A Saxon le daba la impresión de haber conocido siempre a aquella adorable pareja, igual que el campo montaña arriba y que la montaña en sí. Sabía que los amaba.

Solo más adelante descubre Saxon lo que el lector (que a estas alturas ya se ha leído casi cuatrocientas páginas de *El valle de la Luna*) seguramente ya ha sospechado: que la «adorable pareja» son de hecho «americanos de pura cepa que cruzaron las llanuras», seguramente dueños también de un icónico pasapurés de patatas, y en cualquier caso almas bondadosas que «lo sabían todo de la batalla de Little Meadow y de la historia de la masacre de la caravana de emigrantes de la que el padre de Billy había sido el único superviviente». Una vez validado el sitio que les corresponde en la fábula de California, Saxon y Billy se establecen, decididos a cobrarse el derecho de nacimiento de la «pura cepa» por medio de la práctica de la agronomía científica, que el mismo London se imaginaba que él y su segunda esposa, la mujer a la que llamaba su «Compañera Mujer»,

Charmian Kittredge, estaban perfeccionando en su rancho de Sonoma. Las cartas de London de esta época hablan de «devolver la vida al suelo muerto», de dejar la tierra «mejor por haber estado yo», de trabajo incansable y agricultura trascendental. «No quiero saber nada de métodos baladíes —escribió—. Cuando me vaya en silencio, quiero saber que dejé tras de mí una parcela de tierra que, después de los lastimosos fracasos de otros, yo he vuelto productiva. [...] ¿Es que no lo veis? ¡Oh, intentad verlo! En la solución de los grandes problemas económicos del presente, veo un regreso a la tierra.»

También esto fue una confusión. Sus cosechas fracasaron. Su Casa del Lobo, construida para durar mil años, se quemó hasta los cimientos antes de que él y la Compañera Mujer (o como llamaba alternativamente a Charmian, la Compañera Loba) pudieran mudarse a ella. Había perdido la salud. Luchaba contra la depresión. Luchaba contra el alcoholismo. En un momento dado de 1913, el año en que la Casa del Lobo quedó acabada y se quemó, solo le quedaban en el banco tres dólares con cuarenta y seis centavos. Al final, la única que mantuvo la fe era la Compañera Mujer: «Me muero porque todo el mundo conozca el gran experimento que tenía Jack aquí —le escribió Charmian Kittredge a un amigo, Tom Wilkinson, el 15 de diciembre de 1916—. Muy poca gente se acuerda de esto relacionándolo con él; babean con tal cosa que ha hecho y con esto y aquello, pero no dicen nada del tremendo experimento (el experimento práctico) que ha realizado en el monte de Sonoma». Solo tres semanas antes de que se escribiera esta carta, Jack London había muerto, con cuarenta años, de intoxicación urémica y de una última y mortal dosis de morfina que le habían recetado para calmarle el cólico renal. En la última novela que iba a escribir, *The Little Lady of the Big House*, había permitido que su protagonista y álter ego formulara las siguientes preguntas, un destello del vacío endémico de una obra que por lo demás es una fantasía de éxito mundano y social: «¿Por qué? ¿Para qué? ¿De qué sirve esto? ¿Qué sentido tiene?».

8

El club Bohemian de San Francisco lo fundaron en 1872 varios miembros de la prensa de la ciudad, que lo veían al mismo tiempo como una declaración de intereses «artísticos» o poco convencionales y como un lugar para tomar una cerveza y un bocadillo después de cerrar la primera edición. Frank Norris era miembro, igual que Henry George, que todavía no había publicado *Progreso y pobreza*. Había poetas: Joaquin Miller, George Sterling. Había escritores: Samuel Clemens, Bret Harte, Ambrose Bierce o Jack London, que pocos meses antes de morir se las había apañado para pasar una semana en Bohemian Grove, el campamento que tenía el club en los bosques de secoyas del norte de San Francisco. John Muir pertenecía al club Bohemian y Joseph LeConte también. Durante unos años pareció que los miembros mantenían con resolución su determinación de no admitir a gente por el mero hecho de ser ricos (le habían negado la entrada a William C. Ralston, presidente del Bank of California), pero su política excesivamente ambiciosa de gastos, tanto en el club de la ciudad como en sus periódicos campamentos, enseguida se impuso sobre estas intenciones. De acuerdo con unas memorias de la época escritas por Edward Bosqui, el editor más importante de San Francisco de finales del siglo XIX y miembro fundador del club Bohemian, llegado ese punto se decidió «invitar a unirse al club a cierta clase que la mayoría de los miembros despreciaba, a saber: hombres que tenían dinero además de cerebro, pero que estrictamente hablando no eran bohemios».

En 1927, un año después de que George Sterling se suicidara durante una cena que el club organizó en honor de H. L. Mencken subiendo a su dormitorio y bebiendo cianuro (había estado deprimido, había estado bebiendo y el hermano de Frank Norris le había sustituido como maestro de ceremonias de la cena de Mencken), el club Bohemian proscribió de su exposición anual de arte cualquier obra presentada que el club considerara que «se alejaba de forma radical y poco razonable de las leyes del arte». Llegado 1974, cuando G. William Domhoff, por entonces profesor de sociología de la Universidad de California de Santa Cruz, escribió *The Bohemian Grove and Other Retreats: A Study in Ruling-Class Cohesiveness*, uno de cada cinco miembros residentes y uno de cada tres miembros no residentes del club Bohemian ya figuraba en el *Registro de corporaciones, ejecutivos y directores de Standard & Poor's*. Entre quienes asistieron al campamento de verano de Bohemian Grove en 1970, el mismo año en que Domhoff había obtenido la lista, «había allí presentes por lo menos un ejecutivo o director de cuarenta de las cincuenta corporaciones industriales más grandes de Estados Unidos. [...] Asimismo, descubrimos que teníamos en las listas a ejecutivos y directores de veinte de los veinticinco mayores bancos comerciales. Había hombres de doce de las veinticinco compañías aseguradoras más importantes (de esas doce, ocho estaban entre las diez primeras)».

El campamento de verano, por tanto, había evolucionado hasta convertirse en una modalidad especial de círculo encantado, donde aquellos capitanes de las finanzas y la industria de Estados Unidos podían hacer de anfitriones, en lo que para la mayoría era un escenario remoto y atractivo, de los gestores temporales de la estructura política de la que sus fortunas dependían en última instancia. Cuando Dwight Eisenhower visitó el Grove en 1950, once años antes de hacer pública su preocupación por el complejo militar-industrial, viajó en un tren especial que le había facilitado el presidente de la Santa Fe Railroad. Domhoff señaló que tanto Henry Kissinger como Melvin Laird, por entonces secretario de Defensa, habían estado presentes en el campamento de 1970, igual que David M. Kennedy, por entonces secretario del Tesoro, y el almirante Thomas H. Moorer, presidente del Consejo de Jefes de Estado. Representaba a la Casa Blanca John Erlichman, en calidad de invitado de Leonard Firestone. Walter J. Hickel, por entonces secretario de Interior, era invitado de Fred L. Hartley, presidente la Union Oil.

Los rituales del campamento de verano siempre eran los mismos. Todos los días a las doce y media se celebraban las «charlas del lago», una serie de informes y ponencias informales y extraoficiales. Kissinger, Laird y William P. Rogers, por entonces secretario de Estado, pronunciaron diversas charlas del lago en 1970; en 1999 se programaron las de Colin Powell y el presidente de la Dow Chemical. El color local estaba medido: los cánticos de batalla que se entonaban seguían siendo los de las universidades tradicionales de California, Berkeley (o, en aquel contexto, «Cal») y Stanford, pero el club Bohemian tenía la regla de que durante las dos semanas del campamento de verano no se podía invitar a nadie de California. (A diferencia del fin de semana de «juerga primaveral», en mayo, al que sí se podía invitar a no miembros californianos). La lista del campamento de 1985, la nómina completa más reciente que he visto, muestra a los miembros y a sus «campamentos», las ciento y pico agrupaciones de selección propia que había por las colinas y los cañones y a lo largo de la carretera que iba hacia el río Ruso. Cada campamento tiene un nombre, por ejemplo Polizón, o Cebolla Rosa, o Invasores de Silverado, o Ángeles Perdidos.

Para el campamento de 1985, Caspar Weinberger había sido invitado al campamento Isla de Aves y James Baker III estaba en el Guau. «George H. W. Bush» aparecía en la lista de los Palurdos (al parecer George W. Bush no estuvo presente en 1985, pero sí estaba en la lista, junto con su padre y Newt Gingrich, en 1999), así como, entre otros, Frank Borman, William F. Buckley Jr. y su hijo Christopher, Walter Cronkite, A. W. Clausen, del Bank of America y del World Bank, y Frank A. Sprole de la Bristol-Myers. George Shultz estaba en la lista del campamento Mandalay, junto con William French Smith, Thomas Watson Jr., Nicholas Brady, Leonard K. Firestone, Peter Flanigan, Gerald Ford, Najeeb Halaby, Philip M. Hawley, J.K. Horton, Edgar F. Kaiser Jr., Henry Kissinger, John McCone, y dos miembros del clan Bechtel. Pese a esta personificación virtual del complejo militar-industrial, todavía podía apreciarse el Espíritu de Bohemia, o California, en los retablos tradicionales que se representaban en todos los campamentos del Grove, destinados a triunfar sobre Mammón, el Dios del Oro, y todos sus gnomos y promesas y bolsas de tesoros:

ESPÍRITU: No, Mammón, porque una cosa hay que no puede comprar.

MAMMÓN: ¿Qué no puede comprar?

ESPÍRITU: ¡Un corazón feliz!

La transformación del club Bohemian, de animada aunque frívola reunión de espíritus libres locales a red de intereses corporativos y políticos de la nación, reflejaba de muchas maneras una transformación mayor, la de California misma desde lo que había sido, o desde lo que sus ciudadanos preferían creer que había sido, a lo que es ahora, una colonia completamente dependiente del imperio invisible donde confluyen esos intereses corporativos y políticos. En 1868, cuatro años antes de que contribuyera a fundar el club Bohemian, Henry George, de veintinueve años de edad y que hasta entonces no había publicado nada, escribió un artículo para el *Overland Monthly* en el que intentaba ubicar «el peculiar encanto de California, que sienten todos los que han vivido en ella durante el tiempo suficiente». Llegaba a la conclusión de que el encanto de California residía en el carácter de sus gentes: «Ha habido una noción de independencia y de igualdad personales, un sentimiento general de esperanza y de autosuficiencia, y cierta generosidad y prodigalidad nacidas del igualitarismo con que se distribuyó la propiedad en comparación con otros lugares, del alto nivel de los salarios y de las comodidades y de la sensación latente que experimenta todo el mundo de poder "pegar un pelotazo"». Por supuesto, este artículo, «Lo que nos va a traer el ferrocarril», tenía intención de servir de antídoto al entusiasmo por entonces generalizado por las riquezas llovidas del cielo que se iban a materializar cuando se entregara el estado a la Southern Pacific:

Veamos con claridad hacia dónde nos dirigimos. Pasado cierto punto, el aumento de población y de riqueza solo significa una aproximación a la situación de países más antiguos: de los estados del Este y de Europa. [...] La verdad es que la finalización del ferrocarril, y el consiguiente aumento tanto de los negocios como de la población, no nos beneficiará a todos, sino solo a una parte. [...] Esta aglomeración de gente en unas ciudades grandiosas, esta acumulación de riqueza en fortunas inmensas, esta reunión de hombres en enormes grupos bajo el control de los grandes «magnates de la industria», no tiende a fomentar la independencia personal –la base de todas las virtudes–, ni tampoco tenderá a preservar las características particulares que han hecho que los californianos se enorgullezcan de su estado.

Henry George se preguntaba qué traería el ferrocarril, pero no había mucha más gente que se lo preguntara. Mucha gente se preguntaría más adelante si había servido al bien común transformar los valles de Sacramento y de San Joaquín de marismas estacionales a invernaderos protegidos que requerían la aplicación anual sobre cada kilómetro cuadrado de una tonelada y media de pesticidas químicos, pero no mucha gente lo preguntaba antes de los diques; y quienes lo preguntaban eran tachados de «defensores del medio ambiente», una expresión que se usa informalmente por estos pagos de California para describir a cualquiera que sea percibido como amenaza a la vida de libertad personal absoluta que sus ciudadanos creen llevar. «A California le gusta que la engañen –le dice Cedarquist, propietario de una siderúrgica fallida de San Francisco en *The Octopus*, a Presley cuando se encuentran por casualidad en (¿dónde va a ser?) el club Bohemian–. Si no, ¿tú crees que Shelgrim [el personaje basado en Collis P. Huntington] podría convertir el valle de San Joaquín entero en el patio de su casa?»

«Lo que nos va a traer el ferrocarril» continuó siendo, al menos durante mi generación, lectura obligatoria habitual para los niños de California, una prueba más de que las lecturas obligatorias no consiguen que pase nada. Yo solía pensar que Henry George había exagerado el papel del ferrocarril, y en cierto sentido era cierto: el ferrocarril, por supuesto, no era más que la fase final de un proceso ya en marcha, que se basaba en el carácter propio del asentamiento, en esa misma cualidad que «Lo que nos va a traer el ferrocarril» presentaba como «un sentimiento general de esperanza y de autosuficiencia», o una «noción de independencia y de igualdad personales» o «la sensación latente que experimenta todo el mundo de que se puede "pegar un pelotazo"». Este proceso de vender el estado a propietarios de fuera a cambio de su compromiso (que ahora parece) completamente temporal de enriquecernos, en otras palabras el empobrecimiento de California, había empezado de hecho en la época en que los estadounidenses entraron por primera vez en el estado, se quedaron con lo que pudieron y, animados por la falta de fervor de los nativos a la hora de defender lo suyo, se dispusieron a vender el resto.

Josiah Royce entendía esta vertiente negativa del carácter californiano, pero persistió en su convicción fundamental de que la comunidad de California era una fuerza lo bastante positiva como para corregir su propio carácter. Admitía que «el defecto más claro del californiano medio sigue siendo hoy en día una tendencia general a la irresponsabilidad social». Aun así, parecía incapaz por temperamento de plantearse a un «californiano medio» que en última instancia no viera que sus intereses personales pasaban por la cooperación, el limado de las diferencias y cierta voluntad de renunciar al enriquecimiento inmediato a cambio del bien común o de su propio bien a largo plazo. Se trata del mismo «californiano medio» que en el año en que Royce escribía, 1886, ya le había vendido la mitad del estado a la Southern Pacific y estaba en pleno proceso de hipotecar el resto al gobierno federal. Durante la mayor parte de los cien años siguientes, mantenido a flote primero por el petróleo, después por la Segunda Guerra Mundial y finalmente por la Guerra Fría y la generosidad de los propietarios y gestores que llegarían en jets privados al campamento anual de Bohemian Grove, ese californiano medio solo había visto cómo su «defecto más claro» le concedía cielos azules.

SEGUNDA PARTE

1

En el número de mayo de 1935 del *American Mercury*, William Faulkner publicó una de las pocas obras narrativas que ambientó en California, un relato que tituló «Tierra del oro». «Tierra del oro» cuenta un día en la vida de Ira Ewing Jr., de cuarenta y ocho años, un hombre para quien «veinticinco años de esfuerzos y deseos, de astucia, suerte e incluso fortaleza» parecen haber quedado reducidos a cenizas en los últimos tiempos. A los catorce años Ira Ewing se marchó de Nebraska en un tren de carga rumbo al oeste. Cuando cumplió los treinta, se había casado con la hija de un carpintero de Los Ángeles, había tenido un hijo y una hija y había puesto un pie en el negocio inmobiliario. Cuando lo conocemos, ya está en situación de gastarse cincuenta mil dólares al año, una cantidad considerable en 1935. Ha podido traerse a su madre viuda de Nebraska e instalarla en una casa de Glendale. Ha podido darles a sus hijos «lujos y ventajas que su propio padre no solo no habría imaginado en la práctica sino que los habría condenado por completo en teoría».

Y sin embargo, nada le sale bien. La hija de Ira, Samantha, que quiere dedicarse al mundo del espectáculo y ha adoptado el nombre April Lalear, está testificando en un escabroso juicio del que se informa en las portadas («April Lalear revela secretos de orgías») de los periódicos que hay en la mesilla junto a la cama de Ira. Ira, más hastiado que perplejo, intenta no mirar las fotografías anexas de Samantha, la hija «dura, rubia e inescrutable» que «o bien le devolvía la mirada o bien exhibía sus espinillas largas y pálidas». Y Samantha tampoco es la razón exclusiva del vacío plomizo que Ira siente ahora en vez de hambre: también está su hijo, Voyd, que sigue viviendo en casa pero hace dos años que no habla con su padre más que para contestar, desde la mañana en que se lo trajeron a casa borracho y llevando, «en vez de ropa interior, sujetador y bragas de mujer».

Como Ira se enorgullece de ser un hombre que no tolera sugerencia alguna de que su vida no es el éxito que sus logros empresariales parecen prometer, evita hablar sobre sus problemas caseros y ha intentado ocultarle a su madre los periódicos donde aparecen April Lalear y los secretos de las orgías. Por medio del jardinero, sin embargo, la madre de Ira se entera de la declaración de su nieta y recuerda la advertencia que le hizo una vez a su hijo, después de ver a Samantha y a Voyd robando dinero del bolso de su madre:

—Ganas dinero con excesiva facilidad —le dijo a Ira—. Este país es demasiado fácil para nosotros, para los Ewing. Quizá no es malo para los que llevan aquí desde hace generaciones, eso no lo puedo saber, pero sé que para nosotros no es bueno.

—Pero esos chicos han nacido aquí —dijo Ira.

—Solo una generación —le dijo su madre—. La generación anterior nació en un chamizo de adobe con techo de tierra en la frontera del cultivo de trigo en Nebraska. Y la anterior en una cabaña de troncos de Missouri. Y la anterior en un fortín de Kentucky rodeado de indios. Este mundo nunca ha sido fácil para los Ewing. Quizá el Señor lo quisiera así.

—Pero de ahora en adelante lo será —había insistido el hijo—. También para ti y para mí. Pero sobre todo para ellos.

«Tierra del oro» no se sostiene del todo, y no creo que vaya a contarse nunca entre los mejores relatos de Faulkner. Y sin embargo, para ciertos californianos contiene una resonancia molesta, y suscita las habituales preguntas inquietantes. Crecí en una familia californiana a la que la circunstancia única de «llevar aquí desde hace generaciones» –como diría la madre de Ira Ewing– le proporcionaba un orgullo considerable, gran parte del cual más adelante me parecería sorprendentemente inmerecido. «El problema de esta gente nueva –recuerdo oír una y otra vez de niña en Sacramento– es que cree que esto tiene que ser fácil.» La expresión «esta gente nueva» solía referirse a la población que se había mudado a California después de la Segunda Guerra Mundial, pero se extendía tácitamente al pasado para incluir a la migración del Dust Bowl de la década de 1930 y a menudo a otras anteriores. La gente nueva, se nos daba a entender, ignoraba nuestra historia especial, era insensible a las penurias que habíamos soportado para construirla y no solo era ciega a los peligros que el lugar todavía presentaba, sino también a las responsabilidades compartidas que exigía residir aquí de forma prolongada.

Si mi abuelo avistaba una serpiente de cascabel desde el coche, paraba en la cuneta y se metía entre la maleza para perseguirla. No hacerlo, me había explicado más de una vez, era poner en peligro a quien se adentrara más adelante en la maleza, y por tanto violar lo que él llamaba «el código del Oeste». La gente nueva, me contaban, no asumía la responsabilidad de matar serpientes de cascabel. Ni entendía que el agua que salía del grifo en San Francisco, por ejemplo, solo salía porque se había inundado parte del Yosemite para llevarla hasta allí. La gente nueva no entendía la dinámica necesaria de los incendios, los ciclos de siete años de inundaciones y sequías ni la realidad física del lugar. «¿Por qué no se volvieron a Truckee?», preguntó un joven ingeniero de minas del Este cuando mi abuelo le señaló el lugar donde había acampado por última vez la expedición Donner. Recuerdo haber oído muchas veces esa historia. También recuerdo al mismo abuelo, el padre de mi madre, cuya familia había emigrado desde la mísera frontera de los Adirondack en el siglo XVIII hasta la mísera falda de la Sierra Nevada en el XIX, escribiendo una encendida carta al director sobre un libro de texto de quinto de primaria, donde salía una ilustración en que se resumía la historia de California como una feliz evolución desde la «señorita española» al puente Golden Gate pasando por el buscador de oro. Lo que la ilustración parecía sugerir a mi abuelo era que los responsables del libro de texto creían que el asentamiento de California había sido «fácil», una historia reescrita, tal como lo veía él, para la gente nueva. En este sentido había ambigüedades claras: por supuesto, Ira Ewing y sus hijos eran gente nueva, pero también lo había sido la familia de mi abuelo menos de un siglo antes. Quienes pensaban como mi abuelo podían considerar que la gente nueva era indiferente a todo lo que había hecho funcionar a California, pero la ambigüedad era la siguiente: la gente nueva también estaba enriqueciendo a California.

Los californianos cuyos lazos familiares con el estado son previos a la Segunda Guerra Mundial tienen una relación equívoca y a veces difícil con el crecimiento económico de la posguerra. Joan Irvine Smith, cuyo rancho familiar de treinta y cinco mil hectáreas del condado de Orange se urbanizó durante la década de 1960, crearía más adelante —en la planta doce del edificio McDonnell Douglas de Irvine, una ciudad que no existía antes de que los Irvine urbanizaran su rancho— el museo de Irvine, dedicado a las pinturas impresionistas o *plein air* que había empezado a coleccionar en 1991. «Estas pinturas me suscitan más nostalgia que el ir a contemplar lo que antes era el rancho ahora que se ha urbanizado, porque contemplo lo que miraba de niña», dijo en *Art in California* refiriéndose a aquella colección. Su atracción por el género había empezado, contaba, cuando era niña y quedaba para almorzar con su padrastro en el club California, donde las pocas salas a las que por entonces se permitía entrar a las mujeres estaban decoradas con paisajes californianos cedidos por los socios. «Puedo mirar esas pinturas y ver el rancho tal como recuerdo que era en mi infancia.»

El club California, situado en la calle Flower de Los Ángeles, era por entonces y sigue siendo el corazón de los grandes negocios a la antigua usanza de California del Sur, el equivalente en Los Ángeles de los clubes Bohemian y Pacific Union de San Francisco. Prácticamente todo el mundo que ha almorzado en el club California en cualquier momento posterior a la Segunda Guerra Mundial –incluyendo especialmente a Joan Irvine– ha invertido de manera directa o indirecta en la urbanización de California; o en otras palabras, en la destrucción de la California no urbanizada que se exhibe en el museo de Irvine. En las setenta y cuatro pinturas incluidas en *Selecciones del museo de Irvine*, el catálogo que publicó el museo para acompañar a una exposición itinerante en 1992, hay colinas, desiertos, mesetas y arroyos. Hay montañas, costa y cielos amplios. Hay arboledas de eucaliptos, sicómoros, robles y álamos. Hay prados de amapolas de California. En cuanto a la fauna, en las setenta y cuatro pinturas se cuentan tres cacatúas de moño amarillo, un pavo real blanco, dos caballos y nueve personas, cuatro de las cuales parecen hormigas en medio del paisaje y otras dos son indios borrosos remando en una canoa.

Una parte de esto es romántico (los indios borrosos) y otra parte está bañada en una luz dorada ligeramente falsificada, en la tradición que va de la «niebla luminosa y perlada» de Bierstadt al «resplandor Kinkade». La mayoría de las pinturas, sin embargo, reflejan cómo es el lugar, o era, no solo para Joan Irvine sino también para mí y para todo aquel que lo conociera todavía en 1960. Es esta representación fiel de un paisaje familiar pero desaparecido lo que le otorga a la colección Irvine su curioso efecto, un efecto de fallo de la memoria a corto plazo: estas pinturas cuelgan en una ciudad, Irvine (ciudad de más de ciento cincuenta mil habitantes, con un campus de la Universidad de California al que asisten unos diecinueve mil estudiantes), que hace cuarenta años era un reflejo de las pinturas mismas, campos de alubias y pastos, el núcleo pero ni mucho menos todo el negocio de reses y ovejas amasado por el bisabuelo de la fundadora del museo de Irvine.

La gestión de una propiedad así puede ser, para sus herederos, una fuente de tensiones. «En la tarde de su funeral nos reunimos en honor del hombre que había mantenido aquel legado intacto durante la mayor parte de sus noventa y un años —escribió Jane Hollister Wheelwright en *The Ranch Papers* refiriéndose al periodo subsiguiente a la muerte de su padre y a la perspectiva de verse obligada a vender el Rancho Hollister—. Estábamos todos profundamente afectados. Algunos estaban aturdidos por la perspectiva de la pérdida; otros se relamían y ya pensaban en el dinero y en marcharse. Estábamos amargamente divididos, pero nadie podía negar el poder de aquella tierra. Era obvio el impacto especial y espiritualmente significativo (y a menudo destructivo) que tenía el rancho. Yo lo demostraba con mi conducta y los demás también.»

Corría por entonces el año 1961. Joan Irvine Smith había reemplazado a su madre en el consejo de la Irvine Company hacía cuatro años, en 1957, el año en que había cumplido los veinticuatro. Había visto, con mucha más claridad y realismo de los que mostraría cuatro años más tarde Jane Hollister Wheelwright, la solución que quería para el rancho de su familia, y había visto que el resto del comité de la Irvine formaba parte del problema: a base de hacer pequeños acuerdos, de venderse trocitos del conjunto, el consejo estaba reduciendo poco a poco el recurso principal de la familia, que era el tamaño de su propiedad. Fue ella quien presionó al arquitecto William Pereira para que presentara un plan global. Fue ella quien vio el beneficio potencial de ceder las tierras para un campus de la Universidad de California. Y lo más importante de todo, fue ella quien insistió en mantener intereses en la urbanización del rancho. Y al final, es decir, después de años de batallas internas y de una serie de litigios que se extendió hasta 1991, fue ella quien más o menos se impuso. En 1960, después de que se urbanizara el rancho Irvine, ya había 719. 500 almas en todo el condado de Orange. En 2000 la población era de casi tres millones, la mayoría de la cual no estaría allí de no haber urbanizado sus ranchos dos familias: los Irvine en la parte central del condado y los herederos de la propiedad del rancho Santa Margarita y Mission Viejo de Richard O' Neill en la parte sur.

No se puede decir que aquella pleamar sacara a flote todos los botes. No todos los nuevos residentes del condado de Orange fueron conscientes de lo que podríamos llamar la promesa de clase de media de su crecimiento: algunos se asentaron en los moteles destartalados construidos a mediados de la década de 1950, cuando se inauguró Disneyland, y como no tenían otro sitio donde vivir y no podían pagar los depósitos que les exigían para alquilar apartamentos, se los empezó a conocer localmente como «la gente de los moteles». En su libro de 1986 *The New California: Facing the 21st Century*, el columnista político Dan Walters citaba lo que decía el *Orange County Register* sobre la gente de los moteles: «En su mayoría anglosajones, son los trabajadores migrantes más recientes del condado: en vez de recoger uvas, inspeccionan semiconductores». Este estilo de alojamiento por semanas, o incluso por días, ha calado en otras partes del país, pero sigue especialmente arraigado en California del Sur, donde el precio del alquiler subió a la vez que aumentaba la demanda de una población excluida del mercado inmobiliario en el que hasta el bungaló menos prometedor se podía vender por varios cientos de miles de dólares. Llegado el año 2000, según *Los Angeles Times*, en el condado de Orange había un centenar de moteles habitados de forma casi exclusiva por trabajadores pobres, gente que ganaba, por ejemplo, 280 dólares semanales lijando piezas de avión, o siete dólares la hora en el parque de atracciones «California Adventure» de Disney. «Una tierra que celebra la riqueza y diversidad de California, de sus recursos naturales y del espíritu pionero de su gente», dice la página web del parque «California Adventure». «Puedo mirar estas pinturas y ver el pasado», le dijo Joan Irvine Smith a *Art in California* hablando de la colección que se había comprado con las ganancias obtenidas de mirar exclusivamente, y hasta un extremo famoso, al futuro. «Veo California como fue y como no volveremos a verla.» El suyo es un ejemplo extremo del dilema que afronta en mayor o menor grado todo californiano que se benefició de los años del boom: si todavía pudiéramos ver California como era, ¿cuántos nos podríamos permitir verla ahora?

2

¿Qué va a hacer por nosotros el ferrocarril,
ese ferrocarril que tanto tiempo llevamos esperando y anhelando y por el que tanto hemos rezado?

HENRY GEORGE,
«Lo que nos va a traer el ferrocarril»

Lakewood, California, la comunidad del condado de Los Ángeles donde a principios de 1993 una amorfa pandilla de estudiantes de instituto que se hacía llamar la Banda de los
Spurs alcanzó una efímera fama por todo el país, está situada
entre las autopistas de Long Beach y de San Gabriel, al este
de la de San Diego, dentro de esa enorme red viaria que el
visitante conoce principalmente desde el aire, el reverso industrial de California del Sur, los dos mil seiscientos kilómetros cuadrados de industria aeroespacial y petrolera que ali-
mentaron la expansión en apariencia imparable del lugar.
Igual que gran parte del extremo sur de esa red, Lakewood
era agrícola hasta la Segunda Guerra Mundial, varios miles de
hectáreas de alubias y remolacha situados al este del campo
petrolífero de Signal Hill y separados por la carretera de la
planta industrial de detrás del aeropuerto de Long Beach que
el gobierno federal terminó en 1941 para Donald Douglas.

Esta planta de la Douglas, con su bandera americana gigante ondeando al viento y las enormes letras inclinadas hacia delante MCDONNELL DOUGLAS rodeando el edificio y los MD-11 aparcados como si fueran coches en Lakewood Boulevard, era en el momento en que visité por primera vez Lakewood en 1993 el rasgo más visible del horizonte local, aunque durante un tiempo, poco después de la Segunda Guerra Mundial, había habido otro: una torre de treinta metros, con una baliza rotatoria visible desde muchos kilómetros a la redonda, erigida para publicitar la inauguración en abril de 1950 del mayor proyecto de parcelación urbanística del mundo, una extensión más grande en su concepción que la Long Island Levittown original, 17.500 casas proyectadas en las 1.376 hectáreas completamente llanas que tres promotores inmobiliarios de California, Mark Taper, Ben Weingart y Louis Boyar, le habían comprado por 8.800.000 dólares a la Montana Land Company.

LAKEWOOD, decía el letrero del extremo de Lakewood Boulevard donde Bellflower se convertía en Lakewood: LA CIUDAD DEL MAÑANA, HOY. Lo que se ofrecía en venta en la Ciudad del Mañana, igual que en la mayoría de las parcelaciones del periodo de posguerra, era un solar vacío y la promesa de una casa. Cada una de las 17.500 casas iba a tener una planta de entre 88 y 102 metros cuadrados sobre un solar de quince por treinta metros. Todas iban a tener una sola planta y paredes de estucado (siete planos de planta distintos, veintiún exteriores distintos, y los modelos idénticos no se podían construir uno junto a otro ni uno frente a otro), y se iban a pintar en una de las treinta y nueve combinaciones de color existentes. Todas iban a tener suelos de roble, ducha con mampara de cristal, fregadero doble de acero inoxidable, triturador de basuras y dos o tres dormitorios. Todas iban a venderse por entre ocho y diez mil dólares. «Préstamos bajos de la Administración Federal de Vivienda, los veteranos no pagan entrada.» Iba a haber treinta y siete parques infantiles y veinte escuelas; diecisiete iglesias, y 215 kilómetros de calle pavimentada con cuatro centímetros de asfalto n.º 2 sobre base de conglomerado.

Iba a haber, y esto era clave no solo para el proyecto, sino también para la naturaleza misma de la comunidad que terminó creándose, un centro comercial regional llamado «Lakewood Center», que a su vez fue concebido como el complejo comercial más grande de América: 103 hectáreas, aparcamiento para diez mil coches, avalado por los grandes almacenes May Company. «Lou Boyar señaló que iban a construir un centro comercial con una ciudad alrededor, que haría una ciudad para nosotros y millones de dólares para él», escribió durante la fase de planificación John Todd, residente de Lakewood desde sus principios y más tarde representante legal del Ayuntamiento. «Todo lo que rodeaba al proyecto era perfecto –dijo Mark Taper en 1969, cuando se reunió con los funcionarios consistoriales para esbozar una historia del lugar–. Pasaron cosas que quizá no volverán a pasar nunca.»

A lo que se refería, por supuesto, era a la sinergia perfecta del momento y el lugar, a la exacta confluencia de Segunda Guerra Mundial, guerra de Corea y Ley de Veteranos con los contratos de la industria de la defensa que empezaron a inundar California del Sur mientras se libraba la Guerra Fría. Allí, en aquella extensión vacía de terrenos inundables situada entre los ríos Los Ángeles y San Gabriel, fue donde se vio cómo convergían dos intereses nacionales poderosamente concebidos: mantener la maquinaria económica en funcionamiento y crear una clase media o clase consumidora ampliada.

La escena que se vivió bajo la torre de treinta metros durante aquella primavera de 1950 fue cimarrona: el primer día de ventas se presentaron treinta mil personas. Durante los fines de semana posteriores de aquella primavera se presentaron veinte mil. Cerca de la oficina de ventas había una guardería donde los padres podían dejar a los niños mientras hacían la visita guiada a las siete casas modelo terminadas y amuebladas. Había treinta y seis comerciales haciendo turnos de día y noche, mostrándoles a los compradores potenciales cómo sus beneficios de veteranos, exenciones de pago de entrada e hipotecas a treinta años de entre 43 y 54 dólares mensuales podían elevarlos a propietarios de un pedazo de futuro. La primera semana se cerraron las ventas de 611 casas. Hubo una semana en que se empezaron a construir 567. Cada quince minutos se excavaban unos cimientos nuevos. Había una cola de un kilómetro y medio de camiones hormigonera, esperando su turno para circular por las nuevas manzanas y verter los cimientos. Las tejas llegaban a los techadores por medio de una cinta transportadora. Y en el momento mismo en que empezaron a decaer las ventas, tal como rememoraba Taper en la reunión con los funcionarios consistoriales de 1969, «la guerra de Corea fue un estímulo nuevo».

«Estaba creciendo una ciudad nueva; creciendo como las hojas –dijo una de las residentes originales, que había abierto con su marido una charcutería en el Lakewood Center, cuando la entrevistaron para un proyecto de historia oral del Ayuntamiento y la Escuela Secundaria Lakewood–. Así que decidimos que era ahí donde teníamos que empezar. [...] Había gente joven, niños pequeños, escuelas y un gobierno joven que apenas estaba arrancando. Veíamos que estaban viniendo todos los grandes almacenes, May Company y todos los demás. Así que alquilamos una de las tiendas y abrimos nuestro negocio.» Aquellos veteranos de la Segunda Guerra Mundial y de la guerra de Corea con sus esposas que empezaron su vida en Lakewood tenían una media de edad de treinta años. No eran de California, sino del Medio Oeste y del Sur fronterizo. Solían ser obreros no cualificados y trabajadores de oficina de nivel bajo. Tenían 1,7 hijos y trabajos fijos. Su experiencia tendió a reforzar el convencimiento de que la movilidad social y económica funcionaba solo en sentido ascendente.

Mientras trabajaba como secretario de información pública del Ayuntamiento de Lakewood, Donald J. Waldie escribió un libro extraordinario, *Holy Land: A Suburban Memoir*, que se publicaría en 1996, una serie de textos interrelacionados sobre alguien que, igual que su autor, vivía en Lakewood y trabajaba en el Ayuntamiento. «Siendo ingenuos, se podría decir que Lakewood era el sueño americano puesto al alcance económico de una generación de trabajadores industriales que en la generación anterior jamás podría haber aspirado a aquella clase de propiedad —me contó una mañana en que estábamos hablando de cómo se había urbanizado aquello—. Los residentes tenían unos antecedentes étnicos bastante homogéneos pero no del todo. Estaban orientados a la industria aeroespacial. Trabajaban para la Hughes, trabajaban para la Douglas, trabajaban para la estación naval y los astilleros de Long Beach. En otras palabras, trabajaban en todos los lugares que ejemplificaban ese futuro prometedor que se suponía que era California.»

Donald Waldie había crecido en Lakewood, y después de estudiar en la Cal State de Long Beach y de hacer cursos de posgrado en la Universidad de California de Irvine, había decidido volver, igual que una proporción sorprendente de la gente que vivía allí. En un condado cada vez más poblado por inmigrantes mexicanos, centroamericanos y asiáticos de bajos ingresos y presionado por las necesidades continuas de su población negra de bajos ingresos, en la primavera de 1993 casi sesenta mil de los setenta y pico mil ciudadanos de Lakewood seguían siendo blancos. Más de la mitad habían nacido en California y la mayoría del resto en el Medio Oeste y en el Sur. La mayoría de los trabajadores estaban empleados, igual que lo habían estado sus padres y abuelos, en la Douglas o la Hughes o la Rockwell o la estación naval y astillero de Long Beach, o bien trabajaban para muchos de los subcontratistas y vendedores que hacían negocios con la Douglas o la Hughes o la Rockwell o la estación naval y astillero de Long Beach.

Los residentes de Lakewood no pensaban necesariamente que estuvieran viviendo en Los Ángeles, y a menudo podían contar con los dedos de las manos las veces que habían estado allí, para ver jugar a los Dodgers, por ejemplo, o para enseñarle el Music Center a algún pariente de fuera del estado. Su percepción de los males urbanos seguía siendo muy remota: según el censo de 1990, el número de personas sin techo en Lakewood, fuera en albergues o «visibles en las calles», era cero. Cuando los residentes de Lakewood se referían a los disturbios que habían empezado en Los Ángeles después de los veredictos de Rodney King en 1992, estaban hablando de unos acontecimientos que, pese a la importante incidencia de los incendios y los saqueos en comunidades vecinas como las de Long Beach y Compton, ellos percibían que habían tenido lugar en otra parte.

—Estamos muy lejos de eso —me dijo una mujer con la que hablé cuando surgió el tema de los disturbios—. Si ha paseado usted por aquí...

—Cien por cien residencial —me dijo una vecina.

—Esto es Estados Unidos en estado puro.

El marido de la vecina en cuestión trabajaba en una planta cercana de la Rockwell, no en la planta de la Rockwell de Lakewood. La planta de la Rockwell de Lakewood había cerrado en 1992, y con ella habían desaparecido un millar de puestos de trabajo. El cierre previsto de la estación naval de Long Beach comportaría la pérdida de casi nueve mil puestos de trabajo. La Comisión de Cierre y Realineamiento de la Base Federal había concedido una moratoria provisional a los astilleros navales de Long Beach, que estaban adjuntos a la base naval y daban trabajo a otras cuatro mil personas, pero aun así sus perspectivas de supervivencia eran bajas. Algo que no resultaba alejado de la realidad de Lakewood de 1993, de hecho algo tan cercano que muy poca gente quería hablar de ello, era el temor de que lo que ya había pasado en la planta de Rockwell e iba a pasarle a la estación naval y al astillero de Long Beach, también era posible que le pasara a la planta de la Douglas. Me acuerdo de que un día estaba hablando con Carl Cohn, por entonces superintendente del Distrito Escolar Unificado de Long Beach, que incluía a Lakewood. «Hay un miedo tremendo a que en algún momento esta empresa pueda marcharse del todo —dijo—. O sea, es una de las cosas que se rumorean en la ciudad. Por aquí nadie quiere que ocurra.»

En 1993 la Douglas ya había trasladado parte de su producción de MD-80 a Salt Lake City. La Douglas ya había trasladado una parte de lo que quedaba de su producción de C-17 a Saint Louis. La Douglas ya había trasladado los T-45 a Saint-Louis. En un estudio de 1992 titulado *El impacto de los recortes de Defensa en California*, la Comisión de Finanzas Estatales de California calculaba que todavía tenían que producirse diecinueve mil despidos de personal de la Hughes y la McDonnell Douglas, pero en 1992 la McDonnell Douglas ya había despedido en California del Sur a unos veintiún mil empleados. Según un informe de junio de 1993 sobre el desempleo de la industria aeroespacial preparado por investigadores de la Facultad de Arquitectura y Urbanismo de la UCLA, la mitad de los trabajadores aeroespaciales de California despedidos en 1989 seguían desempleados dos años más tarde o bien ya no vivían en California. La mayoría de los que encontraron trabajo terminaron en empleos con ingresos menores del sector de los servicios; solo el diecisiete por ciento había vuelto a trabajar en la industria aeroespacial con unas cifras que se acercaran a sus salarios originales. De los despedidos en 1991 y 1992, solo un dieciséis por ciento había encontrado trabajo de cualquier clase un año más tarde.

Fue la planta de la Douglas que había en el límite municipal de Lakewood, la que tenía la bandera ondeando al viento y el logo que rodeaba al edificio, la que llegado 1993 había pagado el pato con casi dieciocho mil de los veintiún mil despidos de la McDonnell Douglas. «Tengo dos críos, uno en primer curso y otro en tercero –me contó Carl Cohn–. Cuando llevas a tu chaval a una fiesta de cumpleaños y tu mujer te cuenta al volver que acaban de despedir al padre de tal y cual… Hay toda clase de implicaciones, entre ellas cuánto se va a gastar esa persona en la fiesta de cumpleaños del crío. Son cosas concretas que te afectan de verdad. Y te das cuenta de que sí, de que esta mala situación económica es muy real.» El mensaje de la marquesina del restaurante, motel y centro de convenciones Rochelle's, situado entre la planta de la Douglas y el aeropuerto de Long Beach, todavía decía ¡BIENVENIDA, DOUGLAS! HAPPY HOUR 4-7, pero el establecimiento estaba clausurado y una puerta daba golpes debido al viento. «Hemos conseguido buenos ciudadanos –decía Mark Taper acerca de Lakewood en 1969–. Propietarios entusiastas. Dueños de un pedazo de su país, de una participación en la tierra.» Se trataba de una ambición tenaz pero en última instancia insostenible, sustentada durante cuarenta años por la prosperidad económica y por la buena voluntad del gobierno federal.

Cuando la gente de Lakewood hablaba de lo que ellos llamaban los «Spurs» o «el asunto de la escuela secundaria», algunos se referían a la serie de acusaciones que habían conducido a los arrestos en marzo de 1993 –y a las peticiones de que se presentaran cargos por diez delitos de violación por intimidación, cuatro delitos de actos sexuales ilegales, un delito de violación por la fuerza, un delito de cópula oral y un delito de conducta lasciva con una menor de menos de catorce años– de nueve alumnos o exalumnos de la Escuela Secundaria Lakewood, que o bien eran o se creía que eran miembros de una banda informal conocida a nivel local como la «pandilla de los Spurs». Otros no se referían a las acusaciones, que ellos consideraban simples invenciones o manipulaciones de hechos susceptibles de interpretación (se usó mucho la expresión «relaciones sexuales consentidas»), sino a la atención a escala nacional que siguió a aquellas acusaciones, a la invasión de Lakewood por parte de lo que los residentes llamaban «vosotros», «vuestra gente» o «los medios de comunicación», y a la aparición en los programas de televisión *Jenny Jones* y *Jane Whitney* y *Maury Povich* y *Nightline* y *Montel Williams* y *Dateline* y *Donahue* y *The Home Show* de dos contingentes de hormonas hostiles y brevemente investidos de poder, también conocidos como «los chicos» y «las chicas».

Durante un momento de aquella primavera dio la impresión de que se los podía ver en todas partes, a aquellas chicas de Lakewood de caras inexpresivas y a aquellos chicos de Lakewood salvajes. Con la mirada vacía, el cuello grueso y la mandíbula que solo se cerraba para mascar chicle. Con su negativa a procesar –o bien su incapacidad de procesar– la declaración más simple sin reformularla. Con su relación turbia con el lenguaje, su tendencia a aferrarse a algo que habían oído alguna vez y a repetirlo, sin acabar de usarlo bien, a mordisquearlo como si fuera un hueso. Por ejemplo, se había cazado al vuelo la noticia de que algunos institutos repartían condones y se había utilizado como circunstancia atenuante, pese al hecho de que la Escuela Secundaria Lakewood nunca había repartido condones. «Las escuelas reparten condones y cosas de esas, y o sea, si se ponen a repartir condones, ¿por qué no nos dicen que pueden detenerte por usarlos?», les preguntó uno de los Spurs a Gary Collins y Sarah Purcell en *The Home Show*. «Nos dan condones, nos dan clases de sexo, que si embarazo por aquí, que si embarazo por allá, pero no nos enseñan ninguna regla», le dijo otro a Jane Gross de *The New York Times*. «Las escuelas reparten condones y enseñan sexo seguro», se quejó la madre de un miembro de la pandilla en *The Home Show*. «Es la sociedad, tienen esas clínicas, tienen abortos, los chicos no han de contar nada a sus padres, las escuelas reparten condones… caray, ¿qué mensaje te transmite todo eso?», le preguntó a una entrevistadora de la televisión el padre de uno de los chicos de Lakewood, un chaval de dieciséis años que acababa de aceptar cargos ante un tribunal de menores que lo acusaba de conducta lasciva con una niña de diez años. «Creo que la gente ha hecho una montaña de un grano de arena», le dijo uno de los Spurs a David Ferrell de *Los Angeles Times*. «En mi opinión se ha hecho una montaña de un grano de arena», le dijo otro. «Por supuesto, en el mismo periodo hubo bastantes otros escándalos sexuales, de manera que se ha hecho una montaña de esta historia completamente normal», me contó el padre de uno de los imputados. «Ya sabéis que la gente hace una montaña de un grano de arena», explicó uno de los miembros de la banda a los espectadores de *Jane Whitney*. «Hacen una montaña de un grano de arena», dijo otro en el mismo programa. La novia de uno de los chicos, «Jodi», llamó al programa para ofrecer su opinión: «Creo que se ha hecho una montaña de un grano de arena, una verdadera montaña».

Todas estas opiniones parecían aludir a una miseria cultural que no se ha percibido hasta hace bien poco, y solo en parte. Quienes mencionaban el «hacer una montaña de un grano de arena» se estaban quejando concretamente de «los medios de comunicación» y de su «poder», pero más en general de la sensación de verse asediados, asaltados y a la merced de unas fuerzas que escapaban al control local. «La sociedad entera ha cambiado –me dijo el padre de uno de los Spurs–. La moral ha cambiado. Las chicas han cambiado. Antes las chicas eran más o menos las que tenían el control. Las chicas aguantaban, las chicas querían casarse con dieciocho o diecinueve años y tenían expectativas de conseguir casa y amor y familia.» Lo que les resultaba más desconcertante a aquellos residentes de Lakewood era que los cambios radicales estaban teniendo lugar en lo que ellos denominaban de forma uniforme «una comunidad de clase media como esta», o a veces «una comunidad de clase media alta como esta». «Somos una comunidad de clase media alta», me dijo alguien una mañana delante del Tribunal de Menores de Los Padrinos, en Downey, donde un grupo de mujeres de Lakewood estaba protestando contra la decisión de la oficina del fiscal de distrito del condado de Los Ángeles de no presentar la mayoría de los llamados «cargos sexuales» que pedía el departamento del sheriff. «No fueron los Bloods, los Crips ni los Longos, fueron los Spurs», decían aquella mañana las pancartas escritas a mano; los Longos eran una banda de Long Beach. «Y si una de las víctimas hubiera sido su nieta, señor fiscal de distrito, entonces ¿qué?»

–Es una comunidad que lo tapa todo –me dijo otra manifestante–. Muy discreta, no quieren hacer ruido, no quieren llamar la atención de nadie.

El siguiente fragmento está sacado de la primera página de *Holy Land: A Suburban Memoir* de Donald J. Waldie:

Él sabía que las primeras 17.500 casas de su zona residencial se habían construido en menos de tres años. Sabía lo que eso debía de haber costado, pero no le importaba.

Las casas todavía funcionaban.

Las consideraba de clase media a pesar de que unas casas adosadas de cien metros cuadrados en calles que se cruzaban en ángulos rectos no era nada de clase media.

Las casas de clase media son las casas de la gente que no querría vivir aquí.

Esta es de hecho la discrepancia tácita que ocupa el centro de toda la vida en Lakewood, y es por eso por lo que cualquier día allí suscita, para el visitante, muchísimas preguntas inquietantes:

¿Qué cuesta crear y mantener a una clase propietaria artificial?

¿Quién lo paga?

¿Quién se beneficia?

¿Qué pasa cuando esa clase deja de resultar útil?

¿Qué significa volver a caer por debajo de la línea?

¿Qué cuesta mantenerse por encima de ella, cómo te comportas, qué dices, qué pitones clavas en el granito?

Uno de los momentos más desagradables y reveladores de los muchos momentos desagradables y reveladores que caracterizaron a las apariciones televisivas de los Spurs de Lakewood tuvo lugar en el programa *Jane Whitney*, cuando un exalumno de diecinueve años de la Escuela Secundaria Lakewood llamado Chris Albert («Se jacta de haber ganado 44 puntos teniendo relaciones sexuales con chicas») se puso agresivo con una joven negra del público que había intentado sugerir que los miembros de la pandilla allí presentes no estaban mostrando lo que ella consideraba inteligencia natural.

—No lo pillo… No entiendo lo que está diciendo —dijo de entrada Chris Albert, quedándose boquiabierto como solían hacer aquellos chicos cada vez que se les presentaba alguna idea que no les gustaba, o de hecho cualquier idea.

Otro Spur lo interpretó:

—Que somos tontos. Está diciendo que somos tontos.

—¿Y qué educación ha recibido? —exigió saber entonces Chris Albert, y se inclinó hacia delante en dirección a la joven, como si estuviera intentando ponerse alerta—. ¿Dónde trabajas? ¿En McDonald's? ¿En Burger King?

Un tercer Spur intentó interrumpirlo, pero Chris Albert, en cuanto se espabilaba ya no había quien lo parara.

—¿Cinco veinticinco? —dijo—. ¿Cinco cincuenta? —Y entonces apareció, el pitón, en este caso no clavado en granito sino sobre una pizarra que ya se estaba desintegrando—. Yo voy a la universidad.

Dos años más tarde Chris Albert moriría de un disparo en el pecho durante una celebración del Cuatro de Julio en la Pacific Coast Highway de Huntington Beach.

3

Lakewood existe porque en un momento dado de una economía distinta pareció una idea eficiente proporcionar densidad de población al centro comercial y mano de obra abundante para la planta de la Douglas. En California hay muchas ciudades como Lakewood. Eran las ciudades industriales de California, ciudades incubadora del boom económico. Cuando corrían los buenos tiempos y había dinero a espuertas, fueron las ciudades que demostraron que Marx estaba equivocado, que consiguieron hacer crecer al proletariado y al mismo tiempo, a base de llamarlo clase media, apropiárselo. Esas ciudades se organizaban en torno a la sedante idealización de los equipos deportivos, que se creía que producían «buenos ciudadanos», y por tanto tendían a la idealización de los hombres adolescentes. Durante los años de prosperidad, los años gracias a los cuales existían lugares como Lakewood, Canoga Park, El Segundo o Pico Rivera, el residente preferido era de hecho un hombre adolescente o postadolescente, idealmente ya casado e hipotecado, enganchado a la planta de la fábrica, buen trabajador, consumidor estable, alguien que seguía las normas del juego, un buen ciudadano.

Cuando llegaron los malos tiempos a esas ciudades, fueron los mismos hombres adolescentes, que hasta hacía muy poco habían sido el recurso más valioso de la comunidad, quienes se quedaron de forma más visible sin ningún sitio al que ir. Un número sorprendente de los Spurs que aparecieron aquella primavera en los programas de tertulias habían terminado la secundaria hacía ya un año o incluso dos, pero no parecían haber emprendido el paso siguiente. «Los que se mostraban tan ofensivos y arrogantes eran chavales mayores —me contó el padre de uno de los imputados, Donald Belman—. Eran ellos los que organizaban las apariciones televisivas solo para ganar dinero. Tuve que echarlos de casa, ya que contestaban el teléfono por mí y controlaban mi correo. Estaban metidos en aquello para ganar dinero, dinero rápido.» Jane Gross del *New York Times* le preguntó a uno de aquellos Spurs ya en edad universitaria qué había estado haciendo después de terminar el instituto. «Ir de fiesta —dijo él—. Jugar al béisbol.»

Cuando fallaba el ir de fiesta, cuando fallaba el béisbol, cuando por fin se daban cuenta de que los trabajos se habían ido a Salt Lake o a Saint Louis, se animaba a los buenos ciudadanos a pensar que sus problemas los causaban «los medios de comunicación», o «los condones de las escuelas», o los ciudadanos menos buenos, o los no ciudadanos. «Ahora el condado de Orange está usando a los inmigrantes ilegales como cortina de humo, como chivo expiatorio, porque es así como se consigue que los blancos de ingresos bajos se apunten al carro y digan que el problema son los inmigrantes —le contó la mujer de un ingeniero aeroespacial de Costa Mesa a Robert Scheer de *Los Angeles Times*—. Pero antes de que llegaran los inmigrantes aquí ya había diferencias de clase. Hace doce años un hijo nuestro estaba en el equipo de fútbol americano de la escuela secundaria de Costa Mesa. Tenían un equipo buenísimo y le estaban pegando una paliza a una escuela de Newport Beach, y las gradas de Newport empezaron a cantar: "No pasa nada, tontos. Pronto trabajaréis para nosotros".»

Ese fue el coste de crear y mantener una clase propietaria artificial.

Y eso es lo que pasa cuando esa clase deja de ser útil.

La mayoría de los adultos con los que hablé en Lakewood durante aquella primavera de 1993 compartían la sensación de que en su ciudad se había torcido algo. Muchos relacionaban este temor con los Spurs, o por lo menos con ciertos miembros de la pandilla que habían aparecido, antes incluso de las detenciones y por razones diversas, como los miembros masculinos más visibles de la comunidad. Casi todo el mundo reconoció que fomentar la seguridad en sí mismos de los hijos varones, un modelo de educación que en la ciudad siempre se había considerado el súmmum, por alguna razón se les había ido de las manos. La cuestión sobre la que la gente no se ponía de acuerdo era si el sexo estaba en el centro de aquel problema, y a muchos les preocupaba que la discusión pública del asunto de Lakewood se hubiera tergiversado al focalizarse exclusivamente en lo que ellos llamaban «las imputaciones sexuales». «La gente tiene que entender —se me quejó una madre—. Esto no va de imputaciones sexuales.» Algunos consideraban que las acusaciones eran intrínsecamente imposibles de demostrar. Otros simplemente parecían contemplar el sexo entre adolescentes como un campo de batalla con sus propias reglas, un conflicto controlado del que estaban dispuestos a apartar la vista, emulando a la fiscal de distrito. Muchos no parecían conscientes de hasta qué punto las cuestiones de género habían llegado a ocupar la atención oficial de la nación, y por tanto no se habían percatado de la facilidad con que los acontecimientos de Lakewood podían avivar una discusión que ya había empezado, ofreciendo un contexto nuevo en el que recapitular Tailhook, Packwood y Anita Hill.

La mayoría de la gente estaba de acuerdo con que lo sucedido aquella primavera había empezado por lo menos un año antes, quizá más. Al principio el asunto parecía reducirse a la presencia en las calles de adolescentes ociosos haciéndose los duros. Había habido amenazas, tácticas de intimidación y acoso sistemático a chicas o a chicos más pequeños que se quejaban o «les plantaban cara» o se resistían de la forma que fuera a los caprichos de un grupo determinado de chavales. Los chicos más pequeños de Lakewood habían llegado a saber colectivamente a quiénes tenían que evitar en aquellos treinta y siete parques infantiles y con qué coches debían irse con cuidado en aquellos 215 kilómetros de asfalto n.º 2. «Me refiero a algo que pasaba en toda la comunidad —me dijo Karin Polacheck, que representaba a Lakewood en el consejo educativo del Distrito Escolar Unificado de Long Beach—. En los campos de béisbol, en los parques, en los mercados, en las esquinas de los patios de escuelas. Estaban lo bastante organizados como para que los chavales pequeños dijeran: "Cuidado con ese coche cuando se acerque". "Cuidado con esos chavales." He oído contar que iban a robar bates de béisbol y les decían a los niños: "Como se lo cuentes a alguien, te destrozo la cabeza a golpes". Te hablo de niños de nueve y diez años. Es una comunidad pequeña. Los niños pequeños sabían que aquellos chicos mayores rondaban por ahí.»

«Estás muerto», se contaba que decían los chicos mayores, o bien «Te vamos a joder», «Vas a pillar», «Vas a morir». «No me gusta la gente con la que va esa chica, ¿por qué no la matamos ya?» Había una forma particular de terror callejero que mencionaba mucha gente: maniobras invasivas con los coches que sus objetivos interpretaban como intentos de «atropellar a la gente». «Delante de mi casa había huellas de neumáticos —me contó una madre—. Estaban intentando asustar a mi hija. Su vida era una pesadilla. En la escuela le tiraban nachos con chile y queso.» «Simplemente les gusta intimidar a la gente —me contaban una y otra vez—. Se te quedan mirando fijamente. No van a la escuela, hacen novillos. Hacen novillos y luego le suplican al profesor que los apruebe, porque necesitan tener una media de aprobado para jugar en los equipos.» «Llegaron a nuestra casa en una camioneta para hacerle algo a mi hermana —me contó una joven—. No puede ir a ninguna parte. Ya ni siquiera puede ir al Taco Bell. No puede ir al Jack-in-the-Box. Te asaltan. A mí me siguieron a casa hace poco, me fui directa a la oficina del sheriff.»

También se habían producido otros incidentes más serios, episodios que no se podían achacar a las exageraciones del patio de la escuela ni a la hipersensibilidad adolescente. Habían asaltado a niños en parques locales y robado bicicletas para después venderlas. Habían entrado y robado en algunas viviendas, y en las casas donde habían trabajado de canguros unas chicas del barrio habían desaparecido tarjetas de crédito y joyas de los cajones. A partir del verano de 1992 ya se habían producido detenciones por delitos graves: el hijo de Donald Belman, Dana, del que se decía que había «fundado» la pandilla de los Spurs, había sido detenido como sospechoso de robar una serie de armas de fuego del dormitorio de una casa en la que se decía que había asistido a una fiesta. Poco antes, en Las Vegas, Dana Belman y otro miembro de los Spurs, Christopher Russo, habían sido detenidos por posesión de tarjetas de crédito robadas. Justo antes de la Navidad de 1992, Dana Belman y Christopher Russo volvieron a ser detenidos y puestos bajo custodia policial por presunta falsificación de cheques.

Había detalles extraños, datos que no concordaban plenamente con la visión que la comunidad prefería tener de sí misma. Estaban por ejemplo los viajes de instituto a Las Vegas y a Laughlin, que es una ciudad de Nevada crecida en torno a un casino sobre el río Colorado, por debajo de Las Vegas. Estaba el asunto de las armas de fuego que se sospechaba que Dana Belman había robado del dormitorio de la casa donde supuestamente había asistido a la fiesta: se decía que el número total de armas era diecinueve. Aun así, nadie parecía percibir estos detalles, ni tampoco relacionar los episodios. Las víctimas de las correrías de los chicos mayores se sentían, dirían más adelante, «muy solos». Creían que cada episodio de acoso era individual y único. Todavía no veían un patrón de conducta en los diversos incidentes y delitos graves. Todavía no habían dado ciertos saltos inductivos. Eso fue antes de la bomba de fabricación casera.

La bomba explotó en el porche delantero de una casa cercana al instituto de Lakewood, entre las tres y las tres y media de la madrugada del 12 de febrero de 1993. Destruyó una columna del porche. Hizo agujeros en el estucado. Arrojó metralla a los coches aparcados. Una mujer recordaba que su marido estaba trabajando en el turno de noche de la Rockwell y que ella había estado durmiendo con sueño ligero como de costumbre cuando la despertó la explosión. A la mañana siguiente le preguntó a una vecina si había oído el ruido. «Y la vecina me dijo: "No te lo vas a creer cuando te cuente lo que fue". Y me explicó que había explotado una bomba de fabricación casera en el porche de una casa. Y que había sido la venganza de una banda. "¿De una banda?", le pregunté. "¿Qué quieres decir con una banda?" Y ella me dijo: "Bueno, ya sabes, la banda de los Spurs". Y yo le dije: "La banda de los Spurs, ¿qué es la banda de los Spurs?".»

Fue llegado este punto cuando el director del instituto de Lakewood y la oficina del sheriff local, que había estado intentando controlar la racha de delitos graves que asolaba la ciudad, decidieron convocar a algunos padres a una reunión especial. Se mandaron cartas a veinticinco familias que se creía que tenían por lo menos un hijo en la banda de los Spurs. A la reunión del 2 de marzo solo se presentaron unas quince personas. Hablaron varios ayudantes del sheriff, tanto de la comisaría local como de la unidad de explosivos y artefactos incendiarios. La causa de la preocupación, tal como los agentes de la ley lo veían por entonces, era que los problemas, fueran cuales fueran, parecían estar intensificándose: primero los delitos graves, después un par de petardos en coches que no habían causado muchos desperfectos, y ahora aquella bomba de fabricación casera de veinte centímetros, que parecía haber estado dirigida a uno o más miembros de los Spurs y que, de acuerdo con un agente de la unidad de explosivos y artefactos incendiarios, había tenido «intención de matar». Fue durante aquella reunión cuando alguien, no se supo exactamente quién, pronunció la palabra «violación». La mayoría de las personas con las que hablé me dijeron al principio que el tema lo había sacado uno de los padres, pero quienes me lo dijeron no habían estado presentes en la reunión. Preguntar por aquello a posteriori tendía a interpretarse como una actitud potencialmente hostil, porque para entonces la abogada de Los Ángeles Gloria Allred, especialista en casos mediáticos de género, ya había aparecido en escena y estaba dando ruedas de prensa, participando en programas de tertulias y hablando de un posible litigio civil en nombre de las seis chicas que se habían convertido en clientas suyas, y en líneas generales haciendo que la gente de Lakewood se pusiera un poco a la defensiva en relación con quién había sabido qué y cuándo se había enterado y qué había hecho al enterarse.

Tampoco está claro lo que pasó a continuación. Los alumnos del instituto de Lakewood recordaban que se habían presentado en el colegio varios investigadores de la unidad de delitos sexuales del sheriff, con sede en Whittier, que habían convocado a gente y habían interrogado a todo aquel al que se hubiera visto hablando con los chicos de quienes se decía que eran miembros de la banda de los Spurs. «Creo que encontraron a muchos aspirantes —me contó una madre—. Chavales que querían pertenecer a algo que había cobrado fama.» La presencia de los investigadores parecía sugerir que iban a producirse detenciones inminentes, pero las autoridades del instituto dijeron no saber nada hasta la mañana del 18 de marzo, cuando aparecieron varios ayudantes del sheriff en la oficina del director y dijeron que iban a las aulas para llevarse detenidos a una serie de chicos. «En ninguna acusación se decía que aquellos incidentes hubieran tenido lugar en las instalaciones del instituto ni en eventos del instituto ni en el camino de ida o vuelta del instituto —me dijo Carl Cohn la mañana en la que hablamos en su oficina del Distrito Escolar Unificado de Long Beach. Él no había estado presente durante la mañana en la que se habían llevado esposados a los chicos de pantalón corto, pero las furgonetas de las televisiones sí, y también *Los Angeles Times* y el *Long Beach Press-Telegram*—. Quizá fuera práctico detener a los chicos en el instituto, pero contribuyó mucho a este circo mediático que tenemos montado ahora —me dijo—. El departamento del sheriff hizo un comunicado de prensa. En el centro de Los Ángeles. En él notificaban a la prensa que iban a entrar en el instituto. Solo hace falta mencionar que los delincuentes son alumnos de un instituto concreto para que todo el mundo se eche a la carretera.»

Los chicos detenidos pasaron cuatro noches bajo custodia. A todos se los dejó en libertad sin cargos salvo a un chico de dieciséis años, al que se acusó de conducta lasciva con una niña de diez años. Cuando los que seguían asistiendo al instituto volvieron a clase, algunos estudiantes los recibieron con vítores. «Por supuesto que los trataron como a héroes, porque habían sido acusados injustamente –me dijo Donald Belman, cuyo hijo menor, Kristopher, había sido uno de los detenidos puestos en libertad–. Aquellas chicas lo planearon todo de antemano. Querían salir retratadas favorablemente, querían pertenecer al grupo de las populares. Querían ser, con suerte, las novias de aquellos machotes del campus.» La familia Belman celebró la puesta en libertad de Kristopher yendo a comer hamburguesas a McDonald's, que según le dijo Donald Belman a *Los Angeles Times* era la forma «genuinamente americana» de celebrar las cosas.

Unas semanas más tarde, la oficina de la fiscal de distrito emitió un comunicado que decía entre otras cosas: «Después de finalizar una extensa investigación y analizar todas las pruebas, nuestra conclusión es que no existen evidencias creíbles de violación por la fuerza en la que esté involucrado ninguno de estos chicos. [...] Aunque sí existen evidencias de actos sexuales ilícitos, esta oficina tiene por norma no presentar cargos criminales cuando se producen relaciones sexuales consensuadas entre adolescentes. [...] La arrogancia y desprecio hacia las muchachas que se ha mostrado, por atroz que resulte, no puede constituir la base de acusaciones criminales». «En este sentido la fiscal del distrito hizo los deberes –me dijo Donald Belman–. Interrogó a todos aquellos chicos y chicas y descubrió que aquellas chicas no eran las víctimas que se había dicho que eran. Una de ellas tenía tatuajes, por el amor de Dios.» «Si es verdad lo de la niña de diez años, lo siento por ella y por su familia –le dijo un miembro de la banda a David Ferrell de *Los Angeles Times*–. Le mando ánimos a la familia.» Por lo que respectaba al instituto de Lakewood, su director dijo que era hora de iniciar «el proceso de curación».

En el momento de convertirse en la más visible de las familias de la banda de los Spurs, Donald y Dottie Belman llevaban viviendo veintidós de sus veinticinco años de matrimonio en una casa de estucado beige de la calle Greentop de Lakewood. Donald Belman, que trabajaba de comercial para un proveedor de la industria aeroespacial que vendía a las grandes fábricas y a contratistas de primera línea como la Douglas, se había graduado en la Escuela Secundaria Lakewood en 1963, había servido cuatro años con los marines y había vuelto a casa para empezar una vida en común con Dottie, que también era graduada de la Secundaria Lakewood, de la promoción de 1967. «Me esperé para vestirme de blanco —le contó Dottie Belman a Janet Wiscombe del *Long Beach Press-Telegram*—. En mi casa nunca se pronunciaba la palabra "sexo". En las películas la gente se metía en el dormitorio y cerraba la puerta y salía con una sonrisa en la cara. Ahora la gente practica el sexo con brutalidad en la tele. No hacen el amor. No tiene nada de romántico.»

Se trataba de una familia que, según decían ellos mismos y según todos los testimonios, se había centrado en cuerpo y alma en criar a sus tres hijos: Billy, que por entonces tenía veintitrés años, Dana, de veinte, y Kristopher, de dieciocho, todos los cuales todavía vivían en su casa en aquella época. «No querría para nada tener a mis hijos lejos de mí durante dos o tres días mientras estaban en Chicago o en Nueva York —me dijo Donald Belman a modo de explicación de por qué había dado su visto bueno a la aparición de sus dos hijos menores en *The Home Show*, que se filmaba en Los Ángeles, pero de entrada no en *Jenny Jones*, que se filmaba en Chicago—. Empezaron a llamarnos todos los programas de tertulias y les dije: "No vayáis. Mentirán sobre vosotros, os tenderán una trampa". Y cuanto más decían que no los chicos, más los tentaban los programas. Al final cedí con *The Home Show*. Les ofrecían mil dólares y una limusina y era en Los Ángeles. *Jenny Jones* ofrecía si no me acuerdo mal mil quinientos, pero tenían que coger un avión.»

Durante los años previos a que fueran necesarios aquella clase de consejos, Donald Belman siempre había estado disponible para entrenar a los equipos de los chicos. Habían pasado por la Park League y la Little League de béisbol. Por la Pony League, la Colt League y la Pop Warner. Dottie Belman había ejercido de «madre del equipo» y recordaba salir corriendo literalmente de su trabajo de peluquera para poder tener la cena en la mesa todas las tardes a las cinco y cuarto. «Hacían un *home run* o un *touchdown* y yo caminaba con la cabeza bien alta –le contó al *Press-Telegram*–. Estábamos reviviendo nuestro pasado. Llegábamos a los partidos de la Little League y éramos los reyes. Me iba al Von's y se me acercaba la gente para decirme: "Tienes unos hijos fabulosos". Yo estaba muy orgullosa. Ahora voy al Von's a las cinco de la mañana y disfrazada. He sido "madre del año". Lo he sacrificado todo por mis hijos Ahora siento que tengo que defender mi honor.»

El hijo menor de los Belman, Kristopher, que se graduó en el instituto de Lakewood en junio de 1993, había sido uno de los chicos detenidos y puestos en libertad aquel mes de marzo. «Ese fin de semana me volví loco –me contó su padre–. Tengo a mi chico en la cárcel, Kris, que nunca se ha metido en ningún lío, es un estudiante mediano y un deportista estrella. Ni siquiera tiene que ir a clases, ya tiene los créditos para graduarse, después de cumplir dieciocho no tienes que seguir yendo a la escuela. Pero él va. Para estar con sus amigos.» Alrededor de la fecha de su graduación, Kristopher fue procesado por cargos de «conducta lasciva y con uso de la fuerza» basados en un presunto incidente de 1989 con una chica que por entonces tenía trece años; los cargos fueron retirados más adelante y Kristopher Belman aceptó trabajar cien horas en servicios a la comunidad. El mayor de los hermanos Belman, Billy, según su padre, estaba trabajando y yendo a la universidad. El hijo mediano, Dana, se había graduado en el instituto de Lakewood en 1991 y había sido nombrado, tal como señalaron su padre y prácticamente todo el mundo que me lo mencionaba, «Deportista del año 1991», en la especialidad de lucha libre, en el Salón de la Fama del Centro Deportivo Juvenil de Lakewood. El Centro Deportivo Juvenil de Lakewood no está en el instituto, ni en el Ayuntamiento, sino en un McDonald's de la esquina de Woodruff y Del Amo. «Los tres han destacado en deporte –me contó Donald Belman–. Mi psicología y mi filosofía son las siguientes: soy un tipo que planta cara, amo a mis hijos y estoy orgulloso de sus logros.» Por entonces Dana, según me contó su padre, estaba «buscando trabajo», una búsqueda complicada por los quince cargos por delitos graves de allanamiento de morada y falsificación por los que estaba esperando juicio.

Dottie Belman, que fue operada de cáncer en abril de 1993, había presentado una demanda de divorcio en 1992 pero había seguido viviendo un año más con su marido e hijos en la calle Greentop. «Si Dottie quiere empezar una nueva vida, yo no se lo voy a impedir –le dijo Donald Belman al *Press-Telegram*–. Soy un tipo sólido. Un ciudadano sólido. No veo razones para que nadie piense que no somos una familia genuinamente americana, sencilla y honrada.» Dottie Belman, cuando habló con el *Press-Telegram*, se mostró más reflexiva. «La bola de demolición atravesó la repisa de la chimenea y la casa entera se ha hundido –declaró–. El otro día me dijo Dana: "Quiero volver a estar en noveno curso, y quiero hacerlo todo de forma distinta. Lo tenía todo. Era el rey de Lakewood. Era una estrella. Era popular. En cuanto me gradué perdí todo el reconocimiento. Quiero volver a aquella época maravillosa. Ahora solo hay un desastre detrás de otro".»

«Ya has visto los periódicos –le dice Ira Ewing en "Tierra del oro" a la mujer que se ha convertido en su único consuelo, divorciada y con un hijo de catorce años–. ¡No lo entiendo! Después de todas las ventajas que… después de todo lo que he intentado hacer por ellos…»

La mujer lo intenta tranquilizar y le sirve el almuerzo.

«No. No quiero almorzar. Después de todo lo que he intentado darles…»

Que era otra forma de decir: «La bola de demolición atravesó la repisa de la chimenea y la casa entera se ha hundido». En 1996 Dana Belman, sentenciado por tres cargos de allanamiento de morada en primer grado, empezó a cumplir una sentencia de diez años en la prisión California Men's Colony de San Luis Obispo. En 1999 salió de la prisión y un año más tarde se le levantó la libertad condicional.

4

A los doce o trece años, saqué de la biblioteca de Sacramento *Middletown* y *Middletown in Transition* de Lynds y le pregunté a mi madre a qué «clase» pertenecíamos.

—Nosotros no usamos esa palabra —me dijo—. No pensamos así.

Por un lado aquello me pareció una interpretación intencionadamente errónea de la que hasta una niña de doce años podía ver que era la situación, pero por otro lado entendí que era verdad: en California no pensábamos así. Creíamos en hacer borrón y cuenta nueva. Creíamos en la buena suerte. Creíamos en el buscador de oro que reunía lo justo para un último pedazo de tierra y encontraba la veta Comstock. Creíamos en el buscador de petróleo que alquilaba una tierra árida a seis centavos y cuarto por hectárea y acababa fundando Kettleman Hills, que daría catorce millones de barriles de crudo en sus tres primeros años. Creíamos en todas las maneras en que unas posibilidades en apariencia agotadas podían volverse verdes y doradas mientras dormíamos. «Por una California verde y dorada» era el lema antiincendios del Oso Smokey por la época en que yo estaba leyendo los libros de Lynds. Apaga la fogata de tu campamento, mata a la serpiente de cascabel y mira cómo entra el dinero a espuertas.

Y entraba.

Por mucho que fuera dinero de otros.

Sería difícil sobrestimar hasta qué punto los años del boom de la posguerra confirmaron este giro en la imaginación de California. Se suponía que la prosperidad de hoy y la prosperidad todavía mayor de mañana se daban de forma natural, que llegaban con la misma regularidad que las olas a lo que antaño había sido la costa del Rancho Irvine y luego se había convertido en Newport Beach, Balboa y la isla Lido. La prosperidad era la creencia fundamental del lugar, y fue su aparente ausencia gradual, a principios de la década de 1990, lo que empezó a inquietar a California de una forma que nadie quería dilucidar. La conciencia de que la tendencia ya no era firmemente al alza llegó a California tarde y con dureza. El crac del mercado de 1987 fue visto de forma generalizada aunque no consciente por sus ciudadanos simplemente como uno más de los problemas que azotaban a la América que ellos habían dejado atrás, como simple evidencia de aquella negatividad cansina de la Costa Este que a ellos no les iba a llegar. Aun cuando empezaron a cerrar las plantas dedicadas a Defensa por toda la autopista de San Diego y empezaron a aparecer letreros de SE ALQUILA por todo el condado de Orange, muy poca gente quiso ver una conexión con la forma en que se iba a vivir en aquella California que ya no era inmediatamente identificable como un «cohete».

De hecho, era un estado en el que prácticamente no había condado que no dependiera en alguna medida de los contratos del Departamento de Defensa, desde los miles y miles de millones de dólares federales que entraban a espuertas en el condado de Los Ángeles hasta los contratos de cinco dígitos de condados como Plumas, Tehama y Tuolomne, y sin embargo el aislamiento geográfico de distintas partes del estado tendía a ocultar el hecho elemental de que todo estaba interrelacionado. Incluso dentro del condado de Los Ángeles no parecía haberse llegado a la evidente conclusión de que si la General Motors cerraba su planta de montaje de Van Nuys, por ejemplo, como de hecho haría en 1992, provocando la pérdida de veintiséis mil puestos de trabajo, la ola llegaría a Bel Air, donde vivía la gente que concedía los préstamos a la gente que concedía las hipotecas en Van Nuys. Recuerdo que en junio de 1988 le pregunté a una corredora inmobiliaria del West Side de Los Ángeles qué efecto tendrían unos posibles recortes del Departamento de Defensa en el boom de los inmuebles residenciales que había entonces. Ella me dijo que los recortes no tendrían ningún efecto en el West Side de Los Ángeles, porque la gente que trabajaba para la Hughes y la Douglas no vivía en Pacific Palisades ni en Santa Mónica ni en Malibú ni en Beverly Hills ni en Bel Air ni en Brentwood ni en Holmby Hills. «Viven en Torrance quizá, o en Canoga Park o algún sitio así.»

Torrance está junto a la autopista de San Diego, al oeste de Lakewood y al sur de El Segundo y Hawthorne y Lawndale y Gardena. Canoga Park está en el valle de San Fernando. La gente que trabajaba para la Hughes en 1988 sí que vivía en Torrance y en Canoga Park. Cinco años más tarde, después de que la cámara legislativa de Arizona aprobara una ley de incentivos fiscales conocida localmente como la «Ley Hughes», la Hughes empezó a trasladar buena parte de sus actividades de El Segundo y Canoga Park a Tucson, y un corredor de inmuebles residenciales bastante conocido en el West Side de Los Ángeles empezó a informar a sus clientes de que el mercado de Beverly Hills había bajado un 47,5 por ciento. Recuerdo que, en los primeros meses después de los disturbios de 1992, todo el mundo con quien hablaba en Los Ángeles me contaba cuánto habían «cambiado» la ciudad los disturbios. La mayoría de quienes decían esto habían vivido en Los Ángeles, igual que yo, durante los disturbios de Watts de 1965, pero 1992, me aseguraban, había sido «distinto», 1992 lo «había cambiado todo». Las palabras que usaban parecían muy negativas y vagamente inquietantes, palabras como «triste» y «malo». Como se trataba en su mayoría de gente que había necesitado los disturbios para entender que existía una diferencia potencialmente explosiva de circunstancias y de percepción entre los ricos y los pobres de la ciudad, lo que me decían me dejaba perpleja, e insistí para que me describieran de forma más detallada cómo había cambiado la ciudad. Después de los disturbios, me contaron, era imposible vender una casa en Los Ángeles. En 1992 la idea de que quizá fuera imposible vender una casa en Los Ángeles por una razón más simple –por el hecho de que el dinero se había marchado– todavía iba tan en contra de la mentalidad del lugar que la mayoría la seguía rechazando.

Los tiempos malos y tristes habían empezado realmente, tal como admitiría casi todo el mundo más adelante, en 1989, cuando básicamente todos los contratistas del Departamento de Defensa de California del Sur empezaron a despedir a gente. La TRW ya había eliminado un millar de puestos de trabajo. La Rockwell había eliminado cinco mil al terminarse su programa de fabricación del B-1. La Northrop había eliminado tres mil. La Hughes había eliminado seis mil. La cifra de miembros del sindicato de la Lockheed había bajado, entre 1981 y 1989, de quince mil a siete mil. La McDonnell Douglas les había pedido a cinco mil encargados que se despidieran y que después compitieran entre ellos por 2.900 puestos de trabajo. Y sin embargo, en las ciudades de la McDonnell Douglas como Long Beach y Lakewood todavía quedaba espacio para maniobrar, espacio para un poco de optimismo reflexivo y quizá para hacer algún viajecito a Las Vegas o Laughlin, ya que la división de la compañía madre Douglas Aircraft Company, la entidad responsable de la aviación comercial y no militar, estaba contratando a personal para la que por entonces era su nueva línea MD-11. «La Douglas está apuntando alto ahora gracias al sector comercial —me había dicho en 1989 David Hensley, que por entonces dirigía el Programa de Proyección Mercantil de la UCLA—. El tráfico de las aerolíneas se ha intensificado tremendamente después de la liberalización. Todos están reforzando sus flotas, comprando aviones, tanto la Boeing en Washington como la Douglas aquí. Es una forma de protegerse de la reducción de gastos de Defensa.»

Por entonces aquellos primeros despidos de Defensa se presentaron como «rectificaciones» al crecimiento de la época de Reagan. Más tarde se convirtieron en «reorganizaciones» o «consolidaciones», términos que todavía sugerían los procesos normales de recorte y corrección de rumbo puntuales de compañías particulares; el reconocimiento de que toda la industria aeroespacial podía estar en apuros no entró en el vocabulario hasta unos años más tarde, cuando «reestructuración» se convirtió en el término preferido. El vocabulario usado, igual que la geografía, había contribuido a enquistar el problema en ciertas comunidades, permitiendo que Los Ángeles en general viera los despidos como algo abstracto, los desechos difíciles pero predecibles de los cambios geopolíticos, sin relación lógica alguna con la cuestión de si el pequeño centro comercial de la esquina salía adelante o quebraba. El agosto de 1990 llegó antes de que nadie se diera demasiada cuenta de que los mercados inmobiliarios comercial y residencial de Los Ángeles se habían agotado. El octubre de 1990 llegó antes de que un informe de la sección de economía de *Los Angeles Times* sugiriera tímidamente que «parece haber empezado» una ralentización de la economía local.

Antes del fin de 1991, California ya había perdido sesenta mil trabajos de la industria aeroespacial. Muchos de aquellos trabajos se habían trasladado a estados del sur y del sudoeste que ofrecían escalas salariales más bajas y menos regulación, y cuyos gobiernos estatales y locales, como el de Arizona, no eran reacios a conceder incentivos fiscales. La Rockwell estaba considerando ofertas por su planta de El Segundo. La Lockheed había decidido trasladar la producción de su Caza Táctico Avanzado de Burbank a Marietta, Georgia. En 1992, más de setecientas plantas de producción se habían trasladado o habían decidido expandirse fuera de California, llevándose consigo 107.000 trabajos. La Dun & Bradstreet informó de 9.985 quiebras empresariales durante los seis primeros meses de 1992. Los analistas hablaban con tono de aprobación de la transición de grandes compañías a pequeños negocios. El periódico *Los Angeles Daily News* señaló la «tendencia a una nueva mano de obra más autónoma, que va a depender menos de que la compañía se lo dé todo y va a mostrar un mayor espíritu emprendedor», en otras palabras, sin beneficios y sin salario fijo, una receta para crear gente de motel. A principios de 1991, la refinería petrolífera Arco de Carson, cerca de la intersección de las autopistas de San Diego y Harbor, había publicado en *Los Angeles Times* y en *Orange County Register* una oferta de veintiocho puestos de trabajo con sueldos de entre 11,42 y 17,45 dólares la hora. Al cabo de una semana ya se habían presentado unos catorce mil candidatos en persona en la refinería y un número no especificado había mandado su currículum por correo. «No he podido ni entrar por la puerta —le contó un portavoz de la Arco al *Times*—. Había agentes de seguridad dirigiendo el tráfico. Era digno de verse.»

Según la Comisión de Finanzas Estatales de Sacramento, que controla el gasto federal y su impacto en el estado, entre 1988 y 1993 se perdieron en California unos ochocientos mil puestos de trabajo. Más de la mitad se perdieron en el condado de Los Ángeles. El informe de mayo de 1993 de la comisión preveía la desaparición entre 1993 y 1997 de otros noventa mil trabajos de la industria aeroespacial, así como unos treinta y cinco mil trabajos civiles en bases militares que tenían el cierre programado, pero advertía de que «la pérdida potencial puede ser mayor si la industria de defensa sigue consolidando sus operaciones fuera de California». El Bank of America calculaba que se habían perdido entre seiscientos y ochocientos mil puestos de trabajo entre 1990 y 1993, pero hacía una proyección todavía más sombría: entre cuatrocientos y quinientos mil puestos de trabajos perdidos, «en las industrias sometidas a recortes» del estado, entre 1993 y 1995. De esto estaba hablando la gente de Los Ángeles cuando hablaba de los disturbios de 1992.

5

Los trabajadores de las cadenas de montaje de las grandes plantas del sector aeroespacial en California habían constituido, en los años de prosperidad, una especie de familia. Muchos eran de segunda generación y te mencionaban al padre que trabajaba en los misiles Snark, al hermano que era capataz de un taller de manufacturación de Pico Rivera, al tío que solía llevarse a la mitad de la cadena de montaje del A-4 a ver partidos de la Little League de béisbol. Podían moverse entre la media docena aproximada de proveedores principales, pero casi nunca fuera de ellos. Las convenciones del mercado les seguían resultando ajenas. Trabajaban con las regulaciones militares, o «reg-mil», un sistema que, tal como señalaba el *Washington Post*, suministraba un reglamento de quince páginas para manufacturar galletas de chocolate. Se enorgullecían considerablemente de trabajar en una industria donde las decisiones no se tomaban siguiendo lo que Kent Kresa, por entonces presidente de la Northrop, llamaba despectivamente «el estilo chupatintas». Creían que sus compañías estaban consagradas a lo que ellos interpretaban como el interés nacional, y que a su vez merecían el apoyo incondicional del país. Creían en la McDonnell Douglas. Creían en la Rockwell, la Hughes, la Northrop, la Lockheed, la General Dynamics, la TRW y la Litton Industries. Creían en la imposibilidad de adaptar ni siquiera los principios de mercado más elementales a la fabricación de aviones. Creían que la noción misma de «precio fijo», que era la expresión en clave que usaban los contratistas para indicar que el gobierno estaba amenazando con no pagar los sobrecostes, era la antítesis de la innovación y anatema para un proceso que por su definición misma era incierto e indefinido.

Como se trataba de una industria donde las piezas se taladraban con una precisión de 0,05 milímetros y hasta 0,02 milímetros, unos intervalos de tolerancia que no se prestaban de forma inmediata a los procesos automatizados, la gente que trabajaba en aquellas plantas nunca se había robotizado, como decían ellos. Eran los últimos trabajadores manuales medievales, y los espacios donde trabajaban, aquellas enormes estructuras provistas de suelos blancos inmaculados y plataformas enormes y cámaras en el techo y pancartas de proyectos y banderas de compradores extranjeros, se convirtieron en las catedrales de la Guerra Fría, que los no iniciados podían visitar de vez en cuando pero que nunca entenderían del todo. «Las cadenas de montaje son como criaturas vivas —me dijo una vez el encargado de las operaciones de montaje de la cadena del F/A-18 de la Northrop de El Segundo—. Las cadenas cobran ímpetu y se crecen al acercarse las entregas. Lo puedo tocar, lo puedo sentir. Aquí en la cadena somos un poco más directos y sin ambages, porque aquí es donde el caucho toca el asfalto. Si vamos a enviar un avión cada dos días, necesitamos gente que esté a la altura.» LOS PILOTOS DE LA ARMADA DEPENDEN DE TI, decía una pancarta en las oscuras alturas de la cadena de montaje del F/A-18. CONSTRÚYELO COMO SI FUERAS A PILOTARLO, decía otra. Una caja de herramientas llevaba el siguiente mensaje: ¡CON DIOS, AGALLAS Y ARMAS SE GANÓ LA LIBERTAD!

Se trataba de un mundo delimitado por una serie cada vez más pequeña de coordenadas. Desde el principio ya hubo un número finito de empresas que necesitaban lo que aquellos trabajadores sabían producir, y lo que aquellos trabajadores sabían producir era una sola clase de producto. «El éxito no ha empañado nuestras estadísticas de reconversión de la industria de la defensa –le dijo en 1993 al *Washington Post* Norman Augustine, por entonces director ejecutivo y presidente de la Martin Marietta–. ¿Por qué los científicos aeroespaciales no sabemos vender pasta de dientes? Pues porque no conocemos el mercado ni sabemos cómo investigarlo ni cómo vender el producto. Dejando eso aparte, nos va muy bien.»

Los principales contratistas de la industria aeroespacial cada vez se definían más a sí mismos como «integradores», lo cual quería decir que una proporción cada vez mayor de lo que producían, en algunos casos hasta el setenta y cinco por ciento, les era suministrada por subcontratistas. Por supuesto, los grandes contratistas eran competitivos entre sí, pero también existía una interdependencia, un reconocimiento del hecho de que tenían un interés común en relación con el cliente principal que compartían, el gobierno federal. Con este espíritu, dos o tres contratistas competidores solían «formar equipo» para un proyecto determinado, apoyándose como un lobby y finalmente repartiéndose el botín de la producción.

La McDonnell Douglas había sido el principal contratista para la fabricación del F/A-18, un avión de guerra que usaban tanto la Marina como el cuerpo de Marines y que la Fuerza Aérea vendía a extranjeros como la República de Corea, Malasia, Australia, Canadá, España y Kuwait. La McDonnell Douglas, sin embargo, se aliaba para producirlo con la Northrop, que todas las semanas mandaba desde su planta de El Segundo las partes de dos aviones, llamados «segmentos», a las instalaciones de la McDonnell Douglas en Saint Louis. Cada segmento de la Northrop para el F/A-18 incluía el fuselaje y dos colas, «rellenos», que es lo que dice la gente de la industria aeronáutica para indicar que una pieza de avión ya viene con los componentes operativos. Luego la McDonnell Douglas montaba los segmentos con las alas y los demás componentes y sacaba el F/A-18 terminado de su propia cadena. La Northrop y la McDonnell Douglas también habían formado equipo para fabricar un prototipo del Caza Táctico Avanzado YF-23, pero el contrato terminó en manos de la Lockheed, que había fabricado su propio prototipo del CTA en equipo con la Boeing y la General Dynamics. La Boeing, a su vez, fabricaba su avión comercial 747 en equipo con la Northrop, que suministraba varios segmentos del 747 todos los meses, consistentes en el fuselaje central y varios submontajes asociados, o «relleno». La General Dynamics tenía el contrato principal con la Marina para fabricar el jet de ataque A-12, pero lo hacía en equipo con la McDonnell Douglas.

La circularidad perfecta de este procedimiento, en el que los políticos controlaban la cesión de contratos gubernamentales a unas compañías que a su vez utilizaban los contratos para dar trabajo a votantes potenciales, no fomentaba la selección natural. Cada vez que cambiaba algún elemento individual de ese mundo hermético e interrelacionado, por ejemplo cada vez que un cambio de clima político permitía aunque fuera a un solo miembro del Congreso percibir algún beneficio en cuestionar el coste de un solo proyecto del Departamento de Defensa, la mencionada interrelación tendía a jugar en contra de la adaptación. Cae un árbol y falla la cadena alimentaria: el día de 1991 en que Richard B. Cheney, por entonces secretario de Defensa, finalmente canceló el contrato de la Armada con la General Dynamics para fabricar el A-12, desaparecieron miles de puestos de trabajo de la McDonnell Douglas en Saint Louis, donde la McDonnell Douglas había estado fabricando el A-12 en equipo con la General Dynamics.

A fin de proteger su planta y sede central de Saint Louis, la General Dynamics trasladó una parte de la producción de su propio programa de fabricación del C-17 de Long Beach a Saint Louis. A fin de proteger el programa en sí, la compañía abrió una planta para fabricar el C-17 en Macon, Georgia, lo que en la industria se llamaba un «tanto doble», ya que estaba situado tanto en el estado del senador Sam Nunn, presidente del Comité de Servicios Armados del Senado, como en el distrito del congresista J. Roy Rowland, miembro del Comité del Congreso para Asuntos de los Veteranos. «Fue una jugada inteligente poner una planta en Macon –le dijo un exejecutivo de la McDonnell Douglas a Ralph Vartabedian de *Los Angeles Times*–. Sin el apoyo de Nunn no existiría el C-17. Querer asegurarte los fondos para tu programa no tiene nada de ilegal ni de inmoral.»

El C-17 era un avión de carga con capacidad de aterrizaje, tal como mencionaban con frecuencia sus defensores, «en pistas cortas como las de Bosnia». Entró en fase de desarrollo a mediados de la década de 1980. Para cuando se entregó el primer avión en 1993, el número de aviones encargados por la Fuerza Aérea ya había bajado de 210 a 120, y el coste proyectado de cada uno había subido de los 150 millones a los 380 millones. El C-17, aún más que la mayoría de los programas, había estado plagado de sobrecostes y problemas técnicos. Había experimentado defectos en el tren de aterrizaje, un problema con los alerones y dificultades para cumplir con los requisitos de alcance y carga. Un avión de prueba tuvo una fuga de combustible. Otro salió de una prueba en tierra de certificación de resistencia con las alas rotas. Una vez levantado el vuelo, el avión mostraba una predisposición angustiosa a levantar el morro y pararse.

El 14 de junio de 1993, el día en que las Fuerzas Armadas aceptaron la entrega de su primer C-17 Globemaster III, el avión ya llevaba más de un año de retraso, ya se pasaba

1.400 millones de dólares de presupuesto y todavía no tenía a la vista una determinación de diseño final. Para la entrega se montó un espectáculo considerable. Se hicieron muchos discursos. La ceremonia tuvo lugar en la Base Aérea de Charleston de Carolina del Sur, el estado del senador Strom Thurmond, por entonces líder de la minoría del Comité de Servicios Armados del Senado, así como de los congresistas Floyd Spence, John M. Spratt Jr. y Arthur Ravenal Jr., todos miembros del Comité de Servicios Armados del Congreso. Asistieron unos tres mil quinientos funcionarios. El avión en sí, que se estaba entregando con 125 «dispensas y desviaciones» de los requisitos del contrato y que había volado hasta el este con una carga de lastre para impedir que se le elevara el morro, había sido pilotado en la fase final del trayecto por el general Merrill McPeak, jefe de Estado de la Fuerza Aérea. «Lo habíamos cargado de equipamiento del ejército. […] Un par de Humvees y veinte o treinta soldados con pinturas de guerra –declaró el general McPeak unos días más tarde en una sesión informativa del Pentágono–. Y yo diría que es un avión que está muy bien, con una capacidad maravillosa cuando lo despleguemos, supondrá un gran paso para nosotros en relación con los requisitos de movilidad global que tenemos, así que simplemente pienso, ya saben, que nos hemos anotado un tanto.»

En el momento en que el general McPeak declaró que se habían anotado un tanto con el avión, había 8.700 empleados de la planta de la McDonnell Douglas de Long Beach trabajando en el C-17. Quedaba sin responder por entonces la pregunta de qué iban a hacer aquellos 8.700 empleados durante el mes o el año siguiente, ya que mientras la Fuerza Aérea estaba manifestando apoyo a su propio programa, ya habían empezado las conversaciones acerca de la mejor manera de deshacerse de él. Se estaban considerando una serie de opciones. Una era transferir la dirección del programa de la McDonnell Douglas a la Boeing. Otra era reducir todavía más el número de aviones C-17 encargados de 120 a solo 25. La opción desesperada, la solución A-12, era echar el cierre. La planta de Long Beach era la planta situada en el límite municipal de Lakewood, la que tenía la bandera americana ondeando al viento y las letras inclinadas y el motel clausurado con la marquesina que todavía decía ¡BIENVENIDA, DOUGLAS! HAPPY HOUR 4-7. De esto hablaba la gente de Lakewood cuando hablaba de la banda de los Spurs.

6

De los ochenta y nueve miembros de la promoción de 1989 de la Escuela Secundaria Lakewood que respondieron, un año después de su graduación, a un cuestionario del distrito escolar que les preguntaba qué estaban haciendo, setenta y uno respondieron que estaban asistiendo a la universidad a tiempo completo o parcial. Cuarenta y dos de ellos estaban matriculados en el Long Beach Community College. Cinco estaban en otras universidades de repesca de las comunidades vecinas de Cerritos y Cypress. Doce estaban en campus diversos de la Universidad Estatal de California: Fullerton, Long Beach, San Diego, Pomona. Dos habían sido admitidos en el sistema de la Universidad de California, uno en Irvine y otro en Santa Bárbara. Uno estaba en la Universidad del Sur de California. Y nueve más en otros campus sin especificar. Durante el año escolar 1990-1991, había 234 estudiantes en el instituto de Lakewood matriculados en el programa especializado de tecnología aeroespacial del distrito, que continuaba en el Long Beach Community College y derivaba en la McDonnell Douglas. Las notas de selectividad del instituto de Lakewood de aquel año alcanzaron una media de 362 en competencias verbales y 440 en matemáticas, un total de 95 puntos por debajo de la media estatal.

No era una comunidad que presionara mucho a sus hijos, ni que los lanzara al ancho mundo. A los varones se los animaba a continuar, después de la graduación y ya entrada la vida adulta, practicando deportes (deportes de pelota, de todas clases) en los mismos campos deportivos y recintos escolares donde habían crecido. A las mujeres se las animaba a participar en deportes específicos propios, así como a apoyar las actividades de equipo de los deportistas de pelota. Prácticamente todo el mundo con quien hablé en la primavera de 1993 me mencionó el excelente programa deportivo de la ciudad. «Siempre ha sido una comunidad muy limpia —me dijo John Todd, que había sido una figura crucial en la constitución de la ciudad en 1954 y llevaba desde entonces ejerciendo de fiscal del Ayuntamiento—. La gente que la creó eran buenos ciudadanos americanos. Estábamos concentrados en nuestras escuelas e iglesias y otras actividades locales. Tenemos un estadio deportivo y un programa de deportes tremendos aquí en Lakewood. Y eso ha tendido a hacer que la gente se quede aquí.» Otro residente de toda la vida, cuyo hijo mayor trabajaba para la McDonnell Douglas y cuyos otros hijos adultos estudiaban cerca, secundaba estas afirmaciones: «No es más que un enorme programa deportivo para mantenerlos ocupados a todos».

La gente de Lakewood me mencionaba a menudo que allí tenían de todo. Había jaulas de bateo. Había boleras. Había muchos cines. Cerca, en Downey, estaba la campaña para conservar el último McDonald's original en funcionamiento del país, una reliquia de 1953 situada en la esquina de Lakewood Boulevard con Florence Avenue. «Si lo van a derribar, más nos vale decirle a Clinton que se lleve por favor sus asuntos al Taco Bell», le dijo un observador al *Press-Telegram*. Y estaba, siempre, el centro comercial, el Lakewood Center, el corazón figurado y verdadero de la ciudad. Durante los días que pasé en Lakewood tuve ocasión de visitar el centro comercial de vez en cuando, y siempre que fui lo encontré moderadamente ajetreado, pese al hecho de que sus cifras de ventas llevaban descendiendo todos los trimestres desde 1990. Tenía una piscina reflectante, un carrusel, un Burger King y un McDonald's, aunque no uno original. Había un puesto que ofrecía información gratuita sobre recetas médicas. Había otro que exhibía fotografías de casas en venta. Le comenté a una mujer que estaba ojeando los anuncios que nunca había visto que se vendieran casas en un centro comercial. «Son casas embargadas del Departamento de Vivienda y de la Administración de Veteranos», me dijo.

Un día que me encontraba en el centro comercial me acerqué al edificio del Bullock's, que, como iba a cerrar definitivamente, estaba vendiendo todas sus existencias con un treinta y cinco por ciento de descuento sobre el precio marcado. En el departamento de ropa de caballeros había mujeres vaciando sistemáticamente los estantes, mujeres tirando al suelo lo que no querían y montones de perchas en el suelo, mujeres a quienes aparentemente no desanimaba el letrero garabateado que advertía que las colas de las cajas «pasan de las 3 horas», mujeres que ya se habían atrincherado para la espera, mujeres encogidas con sus hijos en el suelo, mujeres que habían construido bastiones fortificados con colchas, mantas, edredones, colchonetas, batidoras Cuisinart, cafeteras, sandwicheras, licuadoras Juice Tiger y planchas de gofres. Eran las mujeres y las hijas y las nietas de las mujeres que habían visto la torre de treinta metros en 1950 y habían decidido que aquel era el lugar donde empezar. Los dependientes y personal de seguridad que vigilaban las colas de las cajas eran hombres. Eran los hombres y los hijos y los nietos de aquellos hombres que solían llevarse a la mitad de la cadena de montaje de los A-4 a ver la Little League de béisbol.

«¡En esta California nuestra queremos ciudades magnífi-
cas, fábricas grandes y minas con mano de obra barata!»
Esto decía Henry George en «Lo que nos va a traer el ferrocarril», exponiendo de forma retórica el sentimiento
popular del lugar en 1868. Luego procedía a calcular el
coste:

Pero ¿acaso nos consideraríamos beneficiados si Nueva
York –gobernada y saqueada como está por ladrones, hol-
gazanes y propietarios de burdeles, criando a una raza de
salvajes más crueles y mezquinos que ninguno que soltara
un alarido de guerra en los llanos– pudiera asentarse mañana en nuestra bahía? ¿Acaso saldríamos beneficiados si las
fábricas textiles de Massachusetts, con sus miles de niños a
los que, según nos cuentan los documentos oficiales, están
haciendo trabajar hasta la extenuación, pudieran transpor-
tarse a las orillas del American? ¿O si se pudieran transportar por arte de magia a Antioch las fábricas de limas y alfi-
leres de Inglaterra, donde se trata a las chicas peor que a los
esclavos de las plantaciones del Sur? O si formulando un
deseo pudiéramos tener en nuestras montañas a los mineros
–mujeres, hombres y niños– que trabajan en las minas de
hierro y carbón de Bélgica y Francia, donde las condiciones
de la producción no permiten que el trabajador coma carne

más de una vez por semana... ¿acaso desearíamos tenerlos aquí?

¿Podemos tener una cosa sin la otra?

El año 1993 trajo una primavera sombría a aquellas ciudades situadas junto a la autopista de San Diego que cuando corrían los buenos tiempos habían parecido responder de forma afirmativa a la pregunta de Henry George. En abril, mientras el Bullock's del Lakewood Center vendía su última plancha de gofres, la niña de diez años que afirmaba haber sido atacada por uno de los Spurs dio su primera rueda de prensa, en las oficinas de Gloria Allred. A su madre ya se la había visto, en los programas de televisión *Donahue*, *The Home Show* y *20/20*, pero no a la niña, que ahora tenía once años. «Estaba enfadada porque quería salir en la tele –declaró en la rueda de prensa–. Para contar cómo me siento. Quería decirlo yo.» También en abril, los Spurs se dirigieron a varias agencias de representación en un intento de vender su historia para hacer un telefilm. Un agente de la agencia ICM les preguntó si no les preocupaba la imagen que podían dar. Ellos le dijeron que lo único que les preocupaba era cuánto dinero iban a ganar. La ICM se negó a representar a los Spurs, y también, según se supo más tarde, la CAA, la United Talent Agency y la William Morris.

Abril también llegó a la planta de la Douglas del límite municipal de Lakewood, donde la sección local 692 del sindicato de los Teamsters fue a la huelga para protestar porque la Douglas estuviera intentando contratar a transportistas nuevos para hacer el trabajo que antes hacían miembros del sindicato. «No pueden hacerle eso a la gente después de veintisiete años –le dijo al *Press-Telegram* la mujer de uno de los camioneros, para quien el contrato representaría pasar de ochenta mil dólares anuales a treinta y cinco mil–. Simplemente no está bien.» Y también fue en abril cuando Finnair reveló que estaba en conversaciones para renovar su flota construida en su mayor parte por la Douglas y empezar a comprar a Boeing. Fue en mayo cuando Continental Airlines, recién salida de una reorganización por bancarrota, encargó noventa y dos aviones nuevos, con opciones a noventa y ocho más, todos a la Boeing.

En una ciudad donde era posible oír, sin venir a cuento de nada, una apasionada defensa del DC-10 («Un avión muy silencioso –me dijo John Todd–. Vuela muy bien y hace la mitad de ruido que los Boeing y que todos esos otros aviones»), la implicación con la Douglas era más profunda que la simple dependencia económica. La gente de Lakewood había definido sus vidas en relación con la Douglas. Un día almorcé con un graduado de la promoción de 1966 de la Escuela Secundaria Lakewood que después había pasado tiempo en el Cuerpo de Paz. Al parecer en alguna parte del corazón de África se había subido en un DC-3. El DC-3 tenía una placa que indicaba que había salido de la planta de Long Beach, y él había pensado: Vaya, he llegado todo lo lejos que podía llegar y me sigo encontrando a la Douglas. «Es una ciudad que sigue el modelo de las plantaciones –me dijo durante nuestro almuerzo–. La Douglas es la mansión.»

«Son historia», declaró aquella primavera al *Washington Post* un ejecutivo de la industria aeronáutica. «Veo una compañía que va a la quiebra, a menos que suceda un milagro», dijo Don E. Newquist, presidente de la Comisión de Comercio Internacional en una vista sobre la competitividad del sector aeroespacial comercial. Los dos estaban hablando de la Douglas, y por extensión de la planta del límite municipal de Lakewood, la planta de la bandera y el logo inclinado y los MD-11 aparcados como coches y el motel con la marquesina que todavía decía: ¡BIENVENIDA, DOU-

GLAS! HAPPY HOUR 4-7. «Es como algo de toda la vida –dijo uno de los graduados del instituto de Lakewood en el programa *Jane Whitney*, intentando explicar cómo era la banda de los Spurs y lo que mantenía unidos a sus miembros–. Seremos amigos toda la vida, ya sabe.»

Era 1997 cuando la Douglas finalmente fue absorbida por la Boeing y las letras inclinadas que decían MCDONNELL DOUGLAS desaparecieron de lo que ahora era la planta de la Boeing del límite municipal de Lakewood.

En 1999 la Boeing cerró el programa de fabricación del MD-90 de la Douglas.

En 2000 la Boeing cerró el programa de fabricación del MD-80 de la Douglas y en 2001 cerró el programa de fabricación del MD-11 de la Douglas.

En 2000 la Boeing empezó a hablar de su plan de reconvertir noventa y tres hectáreas de lo que había sido la planta de la Douglas para un uso no aeronáutico, de hecho para crear un parque industrial, el «PacifiCenter», con su propia urbanización de viviendas y con el sueño de atraer –aunque a medida que la economía entraba en recesión empezó a quedar menos claro con qué incentivos– a firmas como Intel y Sun Microsystems.

En 2002 la Boeing obtuvo del Pentágono un encargo de sesenta C-17 adicionales, otra moratoria temporal de liquidación del que había sido el programa de la Douglas, cuyo cierre estaba proyectado para 2004. «Es un gran día –les dijo el director del programa a los empleados cuando anunció el encargo–. Esto os va a mantener empleados hasta 2008, de manera que descansad esta noche y mañana empezad a trabajar en esos sesenta más.»

También en 2002 se completó la primera fase de un programa multimillonario de obras públicas llamado el

«Corredor de Alameda», una línea ferroviaria rápida de treinta kilómetros y 2.400 millones de dólares destinada a acelerar el tráfico de contenedores de carga desde los puertos de Long Beach y Los Ángeles hasta los puntos de distribución del interior del país. Durante años aquel «Corredor de Alameda» había sido una especie de proyecto cívico modélico, uno de esos mecanismos políticos destinados a recompensar a antiguas amistades e iniciar otras nuevas. Durante aquel periodo en que el Corredor de Alameda solo era una idea, pero una idea que se movía inexorablemente hacia una fecha de inicio, sus defensores lo explicaban a menudo como la forma de llevar una «nueva economía» a los veintiséis «Puertos de Entrada» involucrados, todos los cuales habían sido dependientes de la industria aeroespacial y uno de los cuales era Lakewood. Aquella «nueva economía» se iba a fundamentar en el «comercio internacional», un sustituto completamente teórico del árbol de dinero de referencia, el gobierno federal, que era el que había creado aquellas comunidades. Se celebraron muchos seminarios sobre «logística global». Se construyeron muchos almacenes. La primera fase del Corredor de Alameda ya estaba casi terminada antes de que la gente empezara a preguntarse qué les iban a traer exactamente aquellos almacenes; empezaron a preguntarse, por ejemplo, si los operadores de carretillas elevadoras que cobraban ocho dólares la hora, contratados en aras de disponer de una mano de obra «flexible» y solo durante aquellos días en que el almacén recibía o despachaba carga, podrían convertirse alguna vez en los «buenos ciudadanos» de los que Mark Taper había hablado en 1969; en «propietarios entusiastas», en «dueños de un pedazo de su país, de una participación en la tierra». «A California le gusta que la engañen», le dice en *The Octopus* Cedarquist, el dueño de la siderúrgica fallida de San Francisco a Presley en el club Bohemian.

En 1970 yo estaba trabajando para la revista *Life*, y fui al este de Oregón para escribir un artículo sobre el almacenamiento gubernamental de gas nervioso VX y GB en ocho mil hectáreas de las inmediaciones de Hermiston, una ciudad agrícola y ganadera del condado de Umatilla, que por entonces tenía 5.300 habitantes. Parecía que muchos ciudadanos querían el gas nervioso, o para usar el término que se prefería, «el material de Defensa», cuyo almacenamiento significaba 717 puestos de trabajo no militares y dinero para el pueblo. Parecía que otros ciudadanos –algunos de los cuales no vivían en Hermiston sino al otro lado de las montañas, en Portland y Salem, lo cual los convertía en miembros de lo que en Hermiston se denominaba «la comunidad académica y otras Madres para la Paz o lo que sean»– veían la presencia del VX y el GB en Oregón como un peligro. El artículo era bastante rutinario, y ya lo tenía casi terminado (había visto al alcalde, había visto al gestor municipal, había visto al fiscal de distrito de Pendleton, contrario al gas, había visto al coronel a cargo del almacén y había visto los conejos que dejaban en los búnkeres para prevenir fugas) antes de darme cuenta de que toda la situación retumbaba en mis oídos: desde bastante antes de que naciera Elizabeth Scott, había habido miembros de mi familia yendo de un lado para otro con el mismo espíritu de puro interés personal despreocupado y de optimismo que ahora parecía dar alas a aquel debate de Hermiston. El relato con el que había crecido era tan poderoso que la idea me llegó como una especie de revelación: la colonización del Oeste, por inevitable que fuera, no había servido de manera uniforme al bien común, ni tampoco había beneficiado a todos los niveles ni siquiera a quienes habían cosechado sus recompensas más obvias.

Una tarde de septiembre de 2002 recorrí con el coche todo el Corredor de Alameda, saliendo del puerto norte y pasando por todo lo que había sido el corazón industrial de California del Sur: Carson, Compton, Watts. Lynwood, South Gate. Huntington Park. Vernon. Faltaban unas semanas para que la huelga de estibadores de aquel otoño cerrara el comercio del Pacífico, y aquella tarde no vi ni trenes ni contenedores, solo una línea ferroviaria nueva destinada a transportar la carga y unos almacenes nuevos destinados a albergarla, muchos de ellos con letreros de SE ALQUILA. En la primera colina al norte de Signal Hill se veía lo que parecía ser una nueva parcelación, con un letrero que decía VISTA INDUSTRIA. Más allá del letrero solo había más almacenes, miles de almacenes, miles de intersecciones vacías, un Puerto de Entrada tras otro, cada uno indistinguible del anterior. Solo cuando empezaron a emerger las Arco Towers de la neblina suspendida sobre el centro de Los Ángeles me fijé en un almacén que tenía un letrero que parecía sugerir que estaba en uso. 15.000 METROS CUADRADOS DE LOCURA DE CAMISETAS, decía el letrero.

SALVEMOS EL AERO. VENID A VER «TADPOLE». Este era el letrero que había en el cine Aero de la Montana Avenue de Santa Mónica en septiembre de 2002. El cine Aero lo había construido en 1939 Donald Douglas para el esparcimiento de sus trabajadores cuando la Douglas Aircraft era la empresa que daba empleo a más gente en Santa Mónica. Durante los diez años que pasé viviendo relativamente cerca del Aero, de 1978 a 1988, jamás vi a nadie entrar ni salir del cine. Douglas construyó Santa Mónica y después la abandonó, y ahora las calles que había al sur de lo que había sido la primera planta de la Douglas estaban llenas de talleres mecánicos, supermercados, iglesias pentecostales y dentistas de los que no requieren cita. Aun así, Santa Mónica tenía su océano, sus playas, su clima, su sol y su niebla y sus emparrados de rosas. Los Puertos de Entrada solo tendrán sus almacenes.

TERCERA PARTE

1

¿Qué había significado todo? Todas las promesas frustradas, los fracasos del amor y de la fe y del honor; Martha enterrada junto al dique llevando un vestido de Magnin's de 250 dólares con limo del río en las costuras; Sarah en Bryn Mawr, Pensilvania; el padre de Lily, a quien todo le daba igual, el perdedor tranquilo («Nunca podría haberlo sido», había dicho la madre de ella, y lo había seguido queriendo); su madre, sentada a solas aquella misma tarde en el caserón de río arriba, escribiendo invitaciones para la Fiesta del Día de la Admisión y mirando *Dick Clark's American Bandstand* porque habían cancelado el partido de los Dodgers por culpa de la lluvia; Everett abajo, en el embarcadero, con el revólver del 38 de su padre. Ella, su madre, Everett, Martha, la galería familiar entera: llevaban la misma sangre, heredada de una docena de generaciones de predicadores ambulantes, sheriffs de condado, combatientes contra los indios, abogados rurales, lectores de la Biblia, un senador desconocido procedente de un estado de la frontera de mucho tiempo atrás; doscientos años de talar bosques en Virginia, Kentucky y Tennessee y luego la fuga, el vacío al que habían entregado sus baúles de palisandro y sus cepillos de plata; el corte limpio con el pasado que tenía que haberlos redimido a todos. Habían sido un tipo particular de gente, cuyas virtudes surgían por una situación particular, sus defectos particulares se habían pasado años esperándolos, invisibles, insospechados, vislumbrados turbiamente solo por un individuo o dos cada generación, por una esposa cuyos ojos perplejos no querían mirar hacia Eldorado sino hacia el cornejo de su madre, por un chico de ojos azules que a los dieciséis años ya era el mejor tirador del condado y que cuando no le había quedado nada más a lo que disparar había salido un día con el caballo y le había pegado un tiro a su hermano, por accidente. Por encima de todo había sido una historia de accidentes: de seguir adelante y de accidentes. ¿Qué quieres pues?, le había preguntado esa noche a Everett. Era una pregunta que les podría haber hecho a todos ellos.

Este pasaje está sacado de las últimas páginas de una novela, *Río revuelto*, publicada en 1963. La autora de la novela soy yo. La protagonista, la Lily del pasaje, es Lily McClellan, cuyo nombre de soltera era Lily Knight, esposa de un plantador de lúpulos de la ribera del río Sacramento. Cuando arranca la novela, el marido de Lily, Everett McClellan, acaba de matar de un disparo al hombre con el que tanto su hermana Martha como Lily han tenido aventuras. La historia, la «trama» de la novela, es imaginaria, pero el impulso que inicialmente me llevó a imaginar esta historia y no otra era real: hacía un año o dos que yo había salido de Berkeley, trabajaba para *Vogue* en Nueva York y estaba experimentando una nostalgia de California tan intensa que noche tras noche, usando papel carbón mangado de la oficina y la Olivetti Lettera 22 que me había comprado en el instituto con el dinero ganado haciendo colaboraciones para el *Sacramento Union* («Gran equivocación, comprar una máquina italiana —me reconvino mi padre—. Lo descubrirás en cuanto necesites cambiar alguna pieza»), me sentaba en una de las dos sillas de mi apartamento, ponía la Olivetti en la otra y me escribía a mí misma un río de California.

El «tema» de la novela, por tanto, eran el paisaje y el clima del valle de Sacramento, las crecidas de los ríos y cómo la niebla cubría los diques y las camelias caídas volvían las aceras marrones y resbaladizas durante las lluvias navideñas. Pero el tema también eran las apariciones de aquellas lluvias y de aquellos ríos en las historias que me habían contado toda mi vida, unas historias basadas en los recuerdos de infancia de una serie de parientes (los Kilgore y los Reese, los Jerrett y los Farnsworth, los Magee y los Cornwall) que para entonces ya llevaban mucho tiempo muertos, fragmentos de historia oral local preservada por las hijas y las nietas en cuadernos pautados y en la parte de atrás de los sobres:

Fue un invierno muy lluvioso, estuvo semanas lloviendo día y noche. Siempre se ha llamado el invierno de la Inundación porque se rompió el dique del lado este de Sacramento y la ciudad se convirtió en un lago, con barcas yendo y viniendo por las calles y casitas flotando como si fueran cajas de cartón. Esto fue en 1861 y 1862.

Durante la inundación era imposible sacar provisiones de Sacramento, salvo en barca, de manera que tres de nuestros vecinos a quienes se les había terminado el tabaco, William Scholefield, Myron Smith y un hombre llamado Sidell, construyeron una balsa de tablones y la echaron a la corriente frente a la casa de Scholefield y se fueron a Sacramento por vía acuática, dos remando y el tercero achicando agua. Hicieron el viaje de ida y vuelta y se llevaron a casa tabaco y provisiones.

El diluvio continuó y el río creció hasta desbordar las márgenes. El agua no tardó en rodear a las familias. Juntaron todas las pertenencias que pudieron rescatar y se fueron en bote de remos a una casa de dos plantas del Rancho Grape Vine, que quedaba a un kilómetro de allí.

Nadie cuestionaba la importancia de registrar aquellos recuerdos: la inundación y los diques y la casa de dos plantas del Rancho Grape Vine se habían convertido, igual que el pasapurés de patatas, igual que los libros que no se abandonaron en el río Umpqua, en evidencias de la resistencia de la familia, en pruebas de nuestro valor, indistinguibles de la mismísima crónica de la travesía.

En aquellos días Elizabeth enfermó de gravedad. Era fiebre tifoidea. Allen y uno de los primos Kilgore remaron bajo la tormenta hasta Sacramento en busca de provisiones. La corriente del río enfurecido bramaba a su alrededor y tardaron dos días y dos noches en llegar a la ciudad del asentamiento. A la mañana siguiente de que regresara Allen, Elizabeth murió. Allen le construyó un ataúd y las mujeres le pusieron un vestido de algodón basto blanco. Luego se llevaron el ataúd en barca hasta las lomas, donde ya había otras tumbas. El suelo estaba tan lleno de agua que la tumba era como un pozo. Allí se enterró a Elizabeth porque no había otro lugar disponible.

«Doscientos años de talar bosques en Virginia, Kentucky y Tennessee y luego la fuga, el vacío al que habían entregado sus baúles de palisandro y sus cepillos de plata; el corte limpio con el pasado que tenía que haberlos redimido a todos.» La crónica de la travesía era el mito de los orígenes, la historia oficial tal como yo la había aprendido. Aunque otras frases de ese mismo pasaje de *Río revuelto* sugieren que yo ya empezaba a albergar ciertas dudas («¿Qué había significado todo?», «una historia de accidentes: de seguir adelante y de accidentes»), ahora el pasaje me suscita preguntas que por entonces no se me ocurrieron. Por ejemplo, ¿de qué tenían que redimirlos exactamente «la fuga» o «el vacío» o el «corte limpio con el pasado»? ¿De sus genes escoceses e irlandeses? ¿De la idealización que había convertido a los infortunados de Gales, Escocia e Irlanda en pequeños propietarios rurales desclasados del Oeste? ¿De las confusiones que habían llevado tanto a Jack London como a la Saxon Brown de *El valle de la Luna* a reivindicar los derechos especiales que creían que les correspondían por ser «americanos de pura cepa»? ¿O tenían que haber sido redimidos por la fuga misma, «el corte limpio», «el vacío»? Y la pregunta asociada: ¿para qué necesitaban ser redimidos? ¿Para convertir sus vidas, tal como había hecho Nancy Hardin Cornwall, en «una ronda incesante de actividad»? ¿Para «estar a la altura de nuestro patrimonio», tal como decía yo en mi discurso de graduación de octavo de primaria, y «seguir avanzando en pos de cosas mejores y más grandes para California»? ¿Cuál era exactamente nuestro patrimonio? «Acuérdate –le escribió Virginia Reed a su prima–, no cojáis ningún atajo y apresuraos tanto como podáis.»

Tal como creía cuando estaba escribiéndolo y creo cuando lo leo ahora, cuatro décadas después, *Río revuelto* trataba sobre las formas en que California estaba o está «cambiando», y los detalles de esos cambios le insuflan a la novela una tenaz (y, tal como veo ahora, perniciosa) atmósfera de nostalgia. La acción actual (gran parte de la novela transcurre en el pasado) tiene lugar en agosto de 1959. La hermana de Everett McClellan, Martha, lleva más de diez años muerta: se ahogó cuando iba en bote por el río en plena inundación. La mañana de marzo posterior a la muerte de Martha, mientras Everett y el capataz del rancho están cavando la tumba junto al dique donde la enterrarán, Lily se pone a pensar en el río, dónde y cuándo cederán los diques, en el «archivo de información, reunida y clasificada cada año que había crecidas. [...] ¿En qué momento habían abierto la presa de Colusa? ¿Cuántas esclusas habían abierto de la presa de Sacramento? ¿Cuándo alcanzaría la derivación su plena capacidad? ¿Cuál era el nivel de inundación del pantano de Wilkins, o del Rough and Ready Bend, o de la presa de Fremont, o del río Vista?».

La escena del entierro de Martha McClellan en el rancho, con el río en plena crecida, y la conversación reducida a especular si el Cuerpo de Ingenieros del Ejército va a dinamitar o no una presa río arriba, parece representar una idea tradicional o «antigua» de California. Se nos cuenta que de niña la propia Martha se había inventado un juego llamado «Expedición Donner», en el que ella interpretaba el papel estelar de Tamsen Donner, y no colgaba en las paredes de su habitación «ni bailarinas de Degas ni escenas de *Alicia en el País de las Maravillas*, sino una escritura enmarcada y firmada por John Sutter en 1847, una lista descolorida de las provisiones que se habían llevado en una travesía poco conocida de 1852, un mapa detallado en relieve del Humboldt Sink y una litografía de gran tamaño del paso de Donner en la que Martha había impreso, en dos pulcras columnas, los nombres de las víctimas y de los supervivientes de la travesía Donner-Reed». Asimismo, Martha es enterrada dentro del mismo arcón en el que su madre, muerta largo tiempo atrás, guardaba su ropa de cama, junto con «puntas de encaje, una caja de adornos de cuentas de un vestido y el abanico de marfil que había llevado la tatarabuela de Martha, Currier, en el baile de investidura del gobernador Leland Stanford en 1862». A fin de construir la tumba, Everett ha arrancado «ramas enteras» de camelias, que en la novela se presentan investidas de un significado totémico, dado que en la región se solían plantar en honor a los pioneros. Si el agua se lleva la tumba, lo que ciertamente pasará si sigue creciendo el río, Martha (con sus camelias totémicas) será «libre otra vez en el agua», estará en paz con el río, una perspectiva que no parece disuadir ni a su hermano ni a su cuñada, como «verdaderos» californianos que son.

Martha muere en el año 1949. En 1959, tal como se presenta en *Río revuelto*, esa California «verdadera» casi ha desaparecido. Están arrancando implacablemente los huertos de perales en los que Lily creció: su madre se está vendiendo las tierras para urbanizarlas tan deprisa como el banco le permite subordinarlas. Los ranchos situados inmediatamente río arriba y río abajo del rancho McClellan ya están parcelados, el rancho del Río n.º 1 y el rancho del Río n.º 3. Esto inquieta a Everett pero no tanto al hijo que tiene con Lily, Knight. «Solo están esperando su momento –dice Knight–. Esperándolo en el rancho del Río n.º 2.» Knight está a punto de irse al Este a estudiar a la Universidad de Princeton, una elección «nueva» (la elección «tradicional» habría sido Berkeley o Stanford), y por tanto, una vez más, inquietante. Knight es un engreído y sermonea a su madre, que le ha pedido que, ya que va en coche a Berkeley, le recoja unas ediciones de bolsillo nuevas en Telegraph Avenue. Desde el punto de vista de Knight:

Ella no parecía darse cuenta de que ahora había librerías de ediciones de bolsillo en Sacramento. Parecía que ni a Lily ni al padre de él les entraba en la cabeza que las cosas estaban cambiando en Sacramento, que la Aerojet General y la Douglas Aircraft y hasta el State College estaban trayendo a una clase nueva de gente, una gente que venía de vivir en el Este y que leía. Tanto su padre como ella se iban a quedar pasmados si alguna vez se enteraban de que ya no quedaba nadie en Sacramento que hubiera oído hablar de los McClellan. O de los Knight. Él no creía que fueran a enterarse nunca, sin embargo. Se limitarían a continuar como siempre, dedicando sus malditas camelias mugrientas de Capitol Park a la memoria de sus malditos pioneros mugrientos.

Hay otras señales de cambio, que en el artefacto que es la novela se entiende que representan decadencia. Está la hermana mayor de Everett, Sarah, que vive en las afueras de Filadelfia, otra decisión «nueva», con su tercer marido, también una decisión nueva. Sarah pasa por el rancho de camino a Maui (otra decisión nueva, ya que el destino tradicional de Hawái sería Honolulu, a bordo del *Lurline*), se disculpa con su marido por el calor del Valle (a los hijos «verdaderos» del Valle les molestan temperaturas que ni siquiera llegan a los treinta y muchos grados), y le deja claro a Everett que solo tolera su deseo de mantener los ranchos en vez de parcelar su herencia conjunta, dos mil ochocientas hectáreas en la ribera de los ríos Sacramento y Cosumnes, como algo provisional. «Habremos recibido ofertas, ¿no?», le sugiere Sarah a Everett. Everett admite que el rancho del Cosumnes ha despertado interés. «El de Cosumnes no me importa tanto —dice Sarah—. Por lo menos Cosumnes da algo de dinero.»

También está el hombre al que Everett terminará matando a tiros, Ryder Channing. Ryder Channing es el único personaje de la novela que no es «de» California, en otras palabras un miembro de la «gente nueva». Conoce a Martha en 1944, cuando está emplazado en la base de Mather de Sacramento, y sus apariciones en el rancho para verla, que continúan, inexplicablemente para Everett, cuando la guerra ya ha terminado y esa persona que no es de California debería haberse vuelto al sitio del que vino, se presentan como problemáticas. Pero no tiene intención de marcharse, le dice a Everett, porque California es donde se está construyendo el futuro:

Empezando ahora mismo. Channing tenía la corazonada de que estaban en la línea de salida del boom más grande que este país había visto. Olvidaos de vuestra fiebre del oro. Y él no era el único que creía en el Norte de California. Por poner un ejemplo solamente, los Hermanos Keller creían en California hasta el punto de invertir unos cinco millones de verdes.

—Los Hermanos Keller —dijo Everett—. Creo que no los conozco.

Los Hermanos Keller, explicó Channing con paciencia, eran promotores inmobiliarios. Promotores de Los Ángeles que creían en el Norte de California, y concretamente en el Valle, hasta el punto de invertir unos cinco millones de pavos. Y los estaban gastando en el distrito de Natomas.

—Nunca he oído hablar de ningún Keller en el Natomas —dijo Everett.

Con lo que pareció ser un autocontrol infinito, Channing examinó tres paquetes vacíos de cigarrillos y los estrujó hasta hacer una bola con cada uno de ellos antes de contestar:

—No están en el Natomas ahora mismo. Quieren urbanizar el Natomas.

—¿Y quién pone el dinero? ¿Cómo pueden reunir cinco millones de dólares para invertir en unas tierras que no tienen?

—Esos maromos podrían reunir cinco millones con un plan dibujado en la parte de atrás de una puta servilleta. En cualquier caso —añadió Channing, abandonando en apariencia su esfuerzo por justificar las costumbres de los Keller ante Everett—, no era más que un ejemplo. La cuestión es que estamos aquí en la planta baja y con el dedo en el botón del ascensor.

Ryder, que como no viene de un pasado californiano es incapaz de traicionarlo, no solo ve el futuro sino que se adueña de él: en 1948 abandona a Martha para casarse con la hija de un promotor inmobiliario recientemente enriquecido. («Dinero de la construcción, creía Everett. Tiempos de guerra. En su mente estaba todo mezclado con Henry Kaiser.») Martha, de quien ya se ha insinuado previamente su histriónica inestabilidad mental (en las fiestas del año en que cumplió los dieciséis había resultado «imposible no fijarse en ella, igual que habría resultado imposible no fijarse en alguien que tuviera fiebre alta o llevara un vestido de celofán»), se pasa el invierno que va desde la boda de Ryder hasta su propia muerte intentando en vano aceptar esa Nueva California de la que vino Ryder y que ahora se lo ha robado: «Iba a todas partes y se reunía con todo el mundo. Conoció a constructores, a promotores inmobiliarios, a gente que buscaba emplazamientos para fábricas y hablaba de construir un canal de aguas profundas y hacía presión política para obtener diques de gestión federal; gente a la que ni Everett ni Lily habrían conocido nunca de no habérselo mencionado ella. Iba a fiestas concurridas y a clubes de campo nuevos, iba a fiestas pequeñas y a bloques de apartamentos nuevos; e iba, casi todas las tardes, a examinar parcelaciones recién abiertas por uno u otro de los muchachos a los que conocía y que estaban entrando en el negocio inmobiliario».

Esta es una caracterización bastante precisa de cómo veía Sacramento —o incluso California en sí— una niña que creció en los años del boom de la posguerra, a finales de los años cuarenta y principios de los cincuenta. A veces, por ejemplo cuando oigo lo que nos va a traer el Corredor de Alameda, todavía capto el eco de aquellos años. Era cierto que de pronto resultaba posible, de la noche a la mañana, comprar ediciones de bolsillo en el Levinson's del centro. Era cierto que de pronto era posible, de la noche a la mañana, ver películas extranjeras —*Roma: ciudad abierta, El ladrón de bicicletas* y una película lacrimógena sueca de amor juvenil titulada *Un solo verano de felicidad*— en el Guild Theater de Oak Park, aunque el único miembro de mi familia que iba a verlas con regularidad era una tía abuela medio sorda a quien los subtítulos ofrecían la posibilidad novedosa de seguir lo que estaba pasando en la pantalla. Era cierto que los hábitos y costumbres del «viejo Sacramento» (trabajar durante las vacaciones de la escuela en los ranchos y las plantas de envasado, nadar en los ríos y chapotear en las acequias, estudiar con diligencia las hortalizas exhibidas en la Feria Estatal de California) estaban cediendo el paso a una vida más urbana, o suburbana, en la que los niños nadaban en el agua transparente de las piscinas de hormigón gunitado de los jardines de las casas, se compraban máquinas de escribir italianas y comían peras compradas en el supermercado en vez de las que echaban en canastos los parientes que las cultivaban.

Todo esto era cierto, y sin embargo en *Río revuelto* había algo que no era cierto, una deformación, la constante sugerencia de que los californianos «verdaderos» se habían resistido de alguna forma a aquellos cambios traídos por la Segunda Guerra Mundial. ¿Acaso esa resistencia no se debía a una visión retrospectiva? ¿Acaso los «cambios» y los «años del boom» no habían sido justamente la experiencia californiana desde que se habían asentado allí los primeros estadounidenses? ¿Acaso no seguíamos estando dispuestos a traficar con nuestra propia historia para conseguir lo que nos podía traer el ferrocarril?

Un ejemplo era el hecho de dejar las camelias icónicas en la tumba de Martha: en realidad, la idea misma de plantar camelias en honor a los pioneros —en el parque de delante del capitolio estatal de Sacramento había un lugar llamado «Camellia Grove» destinado a aquel propósito—tenía su origen en la madrastra de mi padre, Genevieve Didion, que durante muchos años había sido presidenta del Consejo Educativo de la Ciudad de Sacramento y de quien el resto de la familia decía, en tono un poco desaprobatorio, que tenía «ideas políticas». Toda asociación de las camelias con los pioneros, en otras palabras, derivaba del mismo espíritu de propaganda cívica que más tarde convertiría Front Street, en la margen del río, en la «reurbanización» completamente artificial conocida como el «Antiguo Sacramento», once hectáreas de ribera del río llenas de tiendas que vendían baratijas y suvenires y palomitas. «Los pioneros», en otras palabras, se habían convertido en herramienta promocional, en una forma de atraer a turistas, en convenciones, en una forma nueva de dinero que no dependía de las cosechas; una versión más de la debilidad por los proyectos especulativos que Charles Nordhoff había señalado en 1874.

«Esa piscina me mata —dice en *Río revuelto* la hermana de Everett McClellan, Sarah, cuando visita el rancho donde viven Lily y él—. Parece Pickfair.»

El año en que Sarah dice esto es 1959. Aunque en 1959 las piscinas eran bastante comunes en California, esa piscina en el rancho representa, tal como se presenta en la novela, la primera concesión que ha hecho Everett al espíritu de la posguerra, y por tanto le señala al lector otro indicio de decadencia. Esto no reflejaba con exactitud ninguna actitud hacia las piscinas con la que yo estuviera familiarizada.

En 1948, mis padres, mi hermano y yo vivíamos en unas tierras a las afueras de Sacramento en las que mi padre había construido una casa antes de que llegara el momento de parcelar la propiedad, y mi hermano y yo queríamos una piscina. Podíamos tener una piscina, nos dijo mi padre, pero solo si la excavábamos nosotros. Todas las mañanas de aquel verano tan caluroso mi hermano Jim, que tenía ocho años, se llevaba una pala hasta el centro del campo que había delante de la casa y trataba en vano de perforar el estrato duro que había debajo de los tres o cuatro centímetros de mantillo.

Cinco años mayor que Jim, y dudando que ni él ni yo pudiéramos cavar un hoyo de seis por doce metros y dos y medio de hondo, y dudando también de que mi padre –de materializarse aquel agujero milagroso– tuviera intención alguna de ser fiel a su palabra (me imaginaba que quizá pudiera llevar una manguera hasta allí y abrir el grifo, pero ni cubrirla de hormigón gunitado ni ponerle un filtro ni alicatarla), me negué a cavar. Lo que hice fue pasarme el verano leyendo las obras de teatro de Eugene O'Neill y soñando con escaparme a Bennington, donde me prepararía para una vida neoyorquina en el teatro sentándome en leotardos bajo un árbol y escuchando cómo Francis Fergusson explicaba la diferencia entre drama y melodrama. Corría el mismo año, 1948, en el que, ya planeando mi marcha, pronuncié el discurso de graduación de octavo curso sobre «Nuestro patrimonio californiano». También fue el mismo año, 1948, en que el Departamento de Parques de Sacramento otorgó, a modo de premios de su caza anual de huevos de Pascua, algo que el *Sacramento Bee* describía como «conejos vivos bautizados en honor a los pioneros», una herramienta didáctica que ahora se me ocurre que llevaba el sello inconfundible de Genevieve Didion. Diez años más tarde conseguí tener una vida neoyorquina, aunque no en el teatro, y estaba escribiendo la novela que pondría una distancia protectora parecida entre yo y el sitio del que era.

2

Esta cuestión de los «cambios», que implica cierta alusión reflexiva al desperdicio de un derecho de nacimiento, a la pérdida de un paraíso, es un tema controvertido. De niña me contaron muchas veces que la hierba del valle de Sacramento, por la época en que llegaron los colonos, la década de 1840, había crecido tan alta que se podía atar desde lo alto de la silla de un caballo, y lo que me querían decir con eso era que ahora ya no crecía tanto. En esta versión de los hechos, California ya entonces había sido «estropeada». La extensión lógica de este pensamiento –que quienes la habíamos estropeado éramos nosotros– no se exploraba. Tampoco se exploraba en *Río revuelto*, cuya intención embrionaria era devolverme a una California que yo desearía que se me hubiera quedado. «Todo cambia, todo cambió –empieza un pasaje que obviamente yo sentía intensamente en el momento de escribirlo–. Las veladas estivales en que íbamos río abajo rumbo a las subastas, dejando atrás la hojarasca verde de los lúpulos, los mirlos que levantaban el vuelo desde la vegetación y surcaban el aire seco del atardecer, las bolas rojas de árbol de Navidad resplandeciendo a la luz del fuego, una sucesión vertiginosa de domingos de otoño, ya desaparecidos, en que ibas con el coche bajo la lluvia para visitar a las tías abuelas.» Los «cambios», esas cosas «ya desaparecidas», se perciben en *Río revuelto* como algo que solo llegó con los años del boom de la posguerra, los años de prosperidad en que la California «de antes» fue arrasada por las excavadoras, quizá para bien (tal como lo vieron Ben Wingart, Louis Boyar y Mark Taper cuando concibieron Lakewood) o (como deseaba verlo yo por entonces) para mal.

Durante muchos años los californianos de mentalidad más programática presentaron aquellos cambios de la posguerra como algo positivo, como el espíritu mismo del lugar: a menudo se mencionaba el sistema de autopistas, la industria aeroespacial, el Plan General de la Universidad de California, Silicon Valley, la enorme reorganización del agua que recibió financiación cuando era gobernador Pat Brown, todo este famoso paquete de cosas, la celebrada promesa de que California se había comprometido a crear y a educar a una clase media que parecía poder ensancharse infinitamente. La actitud programática más reciente consistía en presentar aquellos mismos cambios como algo negativo, como promesas falsas: las autopistas habían promovido el crecimiento urbano incontrolable, la industria aeroespacial se había marchado, la Universidad de California había perdido profesorado y aulas por culpa de los recortes presupuestarios, Silicon Valley había puesto la vivienda fuera del alcance de la California que no trabajaba en el sector tecnológico, y en la mayor parte del estado seguía faltando agua.

En un libro de lecturas para alumnos de primer año de la asignatura de redacción de las universidades californianas, los editores y autores hablan de «las amenazas al sueño californiano», de la necesidad de «no perder de vista el sueño californiano», de «la nueva mitología de moda que está emergiendo por toda la nación y en la que California se está reformulando no como sueño sino como pesadilla», y en la cual el jugador de fútbol americano O. J. Simpson

–O. J. Simpson como «la celebridad inventada a sí misma que ascendió de la pobreza a la cima de la fama y la fortuna», o bien el O. J. Simpson del Ford Bronco blanco– «es quien mejor refleja la verdad del sueño californiano». En cualquier caso, fueran el espíritu mismo del lugar o una maldición distópica, se interpretaba que los cambios de la posguerra que habían transformado California habían sido traídos por lo que se veía popularmente como una afluencia sin precedentes de población, lo que Pat Brown, en un número de 1962 de la revista *Look*, denominaba «la migración masiva más grande de la historia mundial», y George B. Leonard, en el mismo número de *Look*, llamaba «los millones de migrantes que eligen California como lugar de destino». Durante la Segunda Guerra Mundial y los años de la posguerra inmediata, de 1940 a 1950, la población de California aumentó efectivamente un 53 por ciento. Durante los diez años siguientes, de 1950 a 1960, la población de California aumentó efectivamente un 49 por ciento.

Y sin embargo, aquel crecimiento no carecía de precedentes. De hecho, en un estado que había visto aumentar su población un 245 por ciento en sus primeros diez años como estado, ni siquiera era digno de mención. La década que fue de 1860 a 1870 trajo a California un aumento de población del 47 por ciento, y la década siguiente trajo un aumento del 54 por ciento. Los años de entre 1900 y 1910 trajeron otro aumento del 60 por ciento. Fueron los años en que el Ira Ewing de Faulkner, en «Tierra del oro», debió de marcharse de Nebraska en el tren nocturno para terminar veinticinco años más tarde insomne en Beverly Hills. Los años de entre 1910 y 1920 trajeron un aumento del 44 por ciento. Fueron los años en que Saxon Brown y Billy Roberts de *El valle de la Luna* se dieron cuenta de que «parece que a los americanos nacidos libres ya no les queda sitio en su propia tierra»: dos criaturas convencidas de que su Edén se lo han robado la industrialización, la inmigración, lo que fuera a lo que no podían poner nombre. Los diez años siguientes, entre 1920 y 1930 –década en la que un contingente de recién llegados que solo habían conseguido instalarse de forma provisional se vio todavía más marginado por el inicio de la Depresión–, trajeron un 66 por ciento. Por tanto, ya desde el principio se habían producido todos estos aumentos olvidados, unas tasas de crecimiento que borraban de forma sistemática los vestigios recientes de costumbres y de comunidad, y muchas de las confusiones de California provendrían de aquellos borrados.

En la avenida principal que atravesaba Gilroy, una población agrícola del condado de Santa Clara que se presentaba a sí misma como «La capital mundial del ajo», solía haber un hotel de dos o tres plantas, el Milias, cuyo restaurante contiguo al vestíbulo tenía un suelo de baldosas blancas y negras y ventiladores y palmeras en macetas y, en opinión de mi padre, unas chuletas tan suculentas que justificaban una parada en el trayecto entre Sacramento y la península de Monterrey. Recuerdo estar sentada con él en la frescura relativa del restaurante del Milias (toda afirmación de «frescura» era por entonces relativa, ya que los aires acondicionados todavía no se habían adueñado del condado de Santa Clara), comiendo chuletas y las cerezas de su cóctel Old Fashioned de bourbon, y que el singular olor penetrante del ajo que allí se cultivaba y se recogía y se procesaba impregnaba incluso las gruesas servilletas de lino.

No estoy segura de en qué momento desapareció el hotel Milias (seguramente por la misma época en que al condado de Santa Clara lo empezaron a llamar Silicon Valley), pero desapareció, igual que la «población agrícola», dado que Gilroy se reinventó como extensión interminable de parcelaciones residenciales para gente que trabajaba en San José y la industria tecnológica. En verano de 2001, un residente local llamado Michael Bonfante abrió en Gilroy un parque temático de noventa millones de dólares, Bonfante Gardens, cuyas atracciones estaban diseñadas para representar el mundo agrícola: obras de teatro con tomates cantores, atracciones que te permitían girar dentro de una cabeza de ajo gigante o columpiarte en un champiñón de quince metros. La intención que había detrás de Bonfante Gardens, según su creador, era «mostrar cómo era el condado en las décadas de 1950 y 1960». El *New York Times* entrevistó a la dueña de una propiedad vecina acerca del tema de Bonfante Gardens. «Si se convierte en Disneyland, lo voy a odiar —decía—. Ahora mismo es precioso. Pero ¿quién sabe? Alguien que lleva aquí tanto tiempo como yo tiene sentimientos encontrados.»

Según el *Times*, aquella entrevistada había sido residente de Gilroy durante quince años, en otras palabras, «llevaba allí» quince años. Si quince años no parece exactamente el largo asentamiento que sugiere la expresión «alguien que lleva aquí tanto tiempo como yo», consideremos lo siguiente: cuando mi hermano y yo presentamos la solicitud para cambiar la calificación de agrícola a residencial de un rancho que teníamos al este de Sacramento, uno de los oponentes más activos al cambio, un hombre que hablaba con pasión rayana en el disparate de aquella alteración de la naturaleza de la zona, se había mudado a California hacía solo seis meses, lo cual sugería que estaba viviendo en una calle que solo existía porque otra gente había urbanizado un rancho. La discusión de cómo ha «cambiado» California, por tanto, tiende a nivel local a definir la California ideal como aquella que existió en aquel punto del pasado en que la vio por primera vez quien habla: el Gilroy de la década de 1960 y el Gilroy de hace quince años y el Gilroy de cuando mi padre y yo comíamos chuletas en el hotel Milias son tres imágenes que apenas se solapan, un holograma que se desvanece cuando lo atravieso con el coche.

Victor Davis Hanson es profesor de lenguas clásicas en el campus de Fresno de la Universidad Estatal de California, autor ocasional de artículos de opinión para el *New York Times* y el *Wall Street Journal* y también de una serie de libros, entre ellos *The Land Was Everything: Letters from an American Farmer*, una apasionada polémica inspirada y basada en el libro de J. Hector St. John de Crèvecoeur *Letters from an American Farmer* (1782). De hecho, durante la mayor parte de su vida Hanson se ha considerado agricultor, activo o fallido (él rechaza la palabra «cultivador», más común en California, por ser «un término autocomplaciente que suele usar en California la gente que nunca cultiva nada personalmente»), que junto con su hermano y sus primos cultiva viñedos y frutales en las mismas tierras del valle de San Joaquín, menos de ochenta hectáreas, que su tatarabuelo ocupó en la década de 1870. Se ve a sí mismo como heredero de los pequeños propietarios rurales que, según Crèvecoeur, y según él, «crearon el espíritu de la república americana». Nos cuenta que sus hijos son la sexta generación consecutiva que vive en la misma casa. La única fotografía que he visto de él muestra a un hombre de cuarenta y tantos años con pantalones militares y camiseta y provisto de unos rasgos y una pose general tan característicos del Valle Central (ese aspecto que combina muchas horas de exposición al sol con cierto aire de desafío receloso) que la fotografía podría ser indistinguible de muchas instantáneas de mi padre y mis primos.

En *The Land Was Everything* hay muchas cosas que captan con precisión ese aire del Valle. Está el olor a insecticidas y fungicidas, las neblinas tóxicas que constituyen el olor del lugar. («Lo que están intentando hacer es generar un nuevo miedo a la palabra "cancerígeno" —manifestó en unas declaraciones muy famosas el abogado corporativo de la J. G. Boswell Company, que gestiona más de veinte mil hectáreas en la cuenca de Tulare, en respuesta a ciertas restricciones establecidas a mediados de la década de 1980 sobre el uso de sustancias químicas tóxicas—. Las sustancias químicas son absolutamente necesarias para la vida cotidiana.») Está la sensación de ir caminando por entre las acequias de un huerto de frutales, perdiéndote bajo las ramas apuntaladas de los frutales sobrecargados. Está el placer visceral del agua fría de la Sierra cuando sale del canal. Está la costumbre de hablar con monosílabos, esa manera de ser directos hasta un punto de mala educación, esa forma abrupta de iniciar y terminar llamadas telefónicas sin cumplidos, sin identificarse, sin saludar y sin despedirse, simplemente colgando. Jamás oí a mi abuelo paterno, el abuelo que para mí siempre fue el «señor Didion», identificarse al teléfono. Mi madre colgaba el teléfono con frecuencia sin despedirse y a veces en mitad de la frase. «Creo que no me marcharé del valle de San Joaquín de California —escribe Hanson—. La valentía, me dice un amigo, me exige crecer y marcharme, conseguir un trabajo mejor en otra parte; la cobardía, me dice, consiste en quedarse aquí, como una zarigüeya, mientras el mundo sigue girando. Pero por lo menos mis credenciales de partidario fiel del valle de San Joaquín son intachables, y por consiguiente mis lamentaciones por su destrucción son genuinas.»

Hanson sigue viviendo en la finca de la familia, pero ya no cultiva la tierra. «Cuando todos nosotros fuimos a la universidad, cuando abandonamos lo que nos hacía buenos para adoptar lo que nos daba comodidad y seguridad, perdimos algo esencial, sabíamos que lo íbamos a perder y aun así decidimos perderlo —escribe—. Las recompensas materiales y la libertad son incentivos mucho más fuertes que el sacrificio y el carácter.» Lo que perdieron esos «nosotros» de este pasaje y —lo que según Hanson perdió Estados Unidos— fueron las dificultades puras y duras de la vida agrícola, el ideal del pequeño propietario rural que constituía el «último vínculo con los padres fundadores de nuestro pasado político y espiritual», la última línea de defensa contra «el capitalismo de mercado y la democracia de los privilegios, la etapa final de esa cultura occidental que está más allá del bien y del mal».

Aquí la cosa se complica. Véase cómo el autor enmarca implícitamente la crítica a sí mismo y a su familia por haberse apartado del estilo de vida agrario en una censura al resto de la sociedad por no haber apoyado esa vida. Véase también que la «destrucción» del valle de San Joaquín, tal como la ve él, comenzó en el momento en que las pequeñas granjas familiares del lado oriental del Valle (el árido lado occidental del Valle, la parte que describió William Henry Brewer en la década de 1860 como «una llanura absolutamente desolada») empezaron a dar paso primero a los polígonos industriales y las parcelaciones y después a los centros comerciales y los laboratorios de metanfetamina. «Su Edad de Oro fue por tanto breve, nada más que el hermoso siglo que medió entre 1870 y 1970, cuando la irrigación alimentada por la gravedad y canalizada desde la Sierra por medio de zanjas cavadas a mano convirtió por primera vez un desierto infestado de hierbas en un oasis de huertos de arbolitos y de viñedos con sus comunidades satélites.»

En otras palabras, esa «Edad de Oro» empezó con la llegada de la familia de Hanson y terminó con su adolescencia. «Los tiempos han cambiado —se queja Saxon Brown, de mentalidad similar, a Billy Roberts en *El valle de la Luna*—.

No han dejado de cambiar desde que era niña.» Aquí hay otro posible espejismo: puede que «el hermoso siglo» del valle de San Joaquín no le pareciera del todo dorado a la gente que realmente lo vivió: «Aquí, en este rincón de una gran nación, aquí, en este valle del Oeste, lejos de los grandes centros, aislado, remoto, perdido, la gran mano de hierro nos aplasta la vida, nos aplasta la libertad y la búsqueda de la felicidad. [...] Dentro de cinco años, ve a contarle a la gente la historia de la lucha entre la Liga de San Joaquín y el ferrocarril y no se la creerán». Así hablaba Frank Norris en *The Octopus*, refiriéndose a la matanza que había tenido lugar en 1880 en Mussel Slough, actualmente Lucerne, que tanto antes como ahora solo quedaba a veinticuatro kilómetros de Selma, la ubicación de la granja en la que han vivido seis generaciones de la familia de Victor Davis Hanson.

«Allí, en mi pueblo natal —nos cuenta Hanson en *The Land Was Everything*—, hemos arrancado viñedos y en su lugar hemos plantado los siguientes cultivos: Wal-Mart, Burger King, Food-4-Less, Baskin-Robbins, Cinema 6, Denny's, Wendy's, Payless, Andersen's Pea Soup, Holiday Inn, McDonald's, Carl's Jr., Taco Bell, cuatro gasolineras, tres centros comerciales, dos videoclubes y un túnel de lavado.» En línea con el argumento central de su razonamiento, Hanson ofrece esta lista como evidencia del «cambio», y concretamente del empobrecimiento moral o espiritual al que él cree que ha llevado la pérdida de la ética del pequeño propietario rural en el valle de San Joaquín. Algunos lectores —aquellos, por ejemplo, que siguen sin estar convencidos de que existiera alguna vez una ética del pequeño propietario rural en el valle de San Joaquín— pueden extraer de la lista la evidencia de un empobrecimiento más obvio: las empresas nombradas son en su mayoría cadenas nacionales, o franquicias, y no la clase de actividad empresarial calculada para devolver dinero ni oportunidades a la comunidad.

Según un estudio realizado por el Public Policy Institute of California, la tasa de pobreza en el valle de San Joaquín alrededor del año 2000 abarcaba de hecho a un veintidós por ciento de la población, la más elevada del estado, que a su vez tenía una tasa de pobreza –cuando se la ajustaba al coste de la vida– que en todo Estados Unidos solo superaba el distrito de Columbia. Este nivel de pobreza general de California solo había empezado a rebasar al del resto del país a finales de la década de 1980, pero ser pobre en el Valle Central no era ninguna condición nueva. En 1980, de las diez áreas metropolitanas de América más dependientes de la asistencia pública, seis estaban en los valles de Sacramento y San Joaquín, desde Redding, Yuba City-Marysville y Stockton en el sur hasta Modesto, Fresno y Visalia. Muchos daban por sentado que el crecimiento de la tasa de pobreza en California era resultado de la inmigración, y en cierta medida, a corto plazo, sí lo era: de la población nacida en el extranjero, y en particular en el Sudeste Asiático y en Hispanoamérica, que eran quienes presentaban el índice de pobreza más elevado del estado.

En el Valle Central, sin embargo, la inmigración no lo explica todo. En 1998, el condado de Tulare empezó a pagar a los clientes de sus prestaciones sociales el coste de mudarse a otros estados, suministrando una media de 2.300 dólares por cliente para alquilar una furgoneta de mudanzas, comprar gasolina y alojamiento en los moteles del trayecto y pagar el alquiler del primer y el último mes de la vivienda cuando llegaran a su destino. Desde entonces esta política, que también incluye mandar solicitudes de empleo por e-mail y explorar internet en busca de apartamentos de alquiler, ha sido adoptada por otros cuatro condados de San Joaquín: Kings, Madera, Fresno y Kern. En junio de 2001 y junio de 2002, una serie de reporteros primero del *New York Times* y después del *Washington Post* entrevistaron a sendas muestras de aquellos clientes reubicados. Estaban David Langley, su mujer y su hijo, que se mudaron de Visalia a Colorado, y estaban Jackie y Michael Foster, «con su hijo pelirrojo de un año». Estaba Lorrie Gedert, que se trasladó desde Ivanhoe, a unos quince kilómetros de Visalia, hasta Little Rock. Estaban Gloria y Nathan Dickerson, que se mudaron con sus dos hijos, Emily y Drake, desde Visalia hasta Ocala, Florida. Estaban Richard y Zena White, que se mudaron desde Fresno hasta Slidell, Luisiana, donde según el *Post* ahora están trabajando los dos a tiempo completo, «Zena de ayudante de encargado en una gasolinera Chevron y Richard como jefe de turno en McDonald's». Lo primero que llama la atención al lector de estos informes es que los nombres de los excalifornianos entrevistados no sugieren de manera uniforme que sean inmigrantes recientes del Sudeste Asiático ni de Hispanoamérica. Lo siguiente que llama la atención al lector es que parece que incluso unos trabajos tan marginales como ayudante de encargado en una gasolinera Chevron y jefe de turno en McDonald's resultaban imposibles de obtener aquí en el valle de San Joaquín, donde se habían arrancado los viñedos para que pudieran crecer los Wal-Mart y Burger King y Taco Bell, aquí, tal como escribía Frank Norris en 1901, «en este rincón de una gran nación, aquí, en este valle del Oeste, lejos de los grandes centros, aislado, remoto, perdido».

3

Durante la mayor parte de mi vida California me pareció un lugar rico: ese era su sentido mismo, esa era la promesa, la recompensa por haber abandonado el pasado en el río Sweetwater, la textura misma del lugar. Esto no quiere decir que yo creyera ni mucho menos que todos o la mayoría de los californianos fueran ricos, solo intento sugerir que el hecho de no tener dinero parecía no presentar en California esa gravedad inmutable que caracterizaba a la misma condición en otras partes. No estaba diseñada para ser una cadena perpetua. Si eras californiano, se suponía que tenías que saber atar los postes de un corral con corteza, cubrir una balsa con una lona para vivir en el río, matar a la serpiente de cascabel, salir adelante. En California había muchos «pobres de solemnidad», había señalado en 1868 Henry George, en un pasaje de «Lo que nos va a traer el ferrocarril» que me leyó (de forma bastante selectiva, según he visto después) mi abuelo, «pero nunca existió mejor país donde *empobrecerse*, y allí donde casi todos los hombres, hasta los más exitosos, habían estado en la misma posición, esta no implicaba la humillación y la pérdida de esperanza que acompaña a la pobreza extrema en comunidades más antiguas y asentadas».

El hecho de que yo continuara, ya bien entrada la vida adulta, pensando en California tal como me habían contado de niña que solía ser en 1868 sugiere cierto grado de confusión, pero así era. «Nosotros no usamos esa palabra –me había dicho mi madre refiriéndose a la clase social–. No pensamos así.» Solo en la década de 1980 ciertos hechos –dos de ellos relacionados entre sí– consiguieron imponerse a lo que por mi parte era claramente un deseo bastante tenaz de no examinar lo que fuera que yo necesitaba creer. El primer hecho, que de entrada percibí casi como una afrenta personal, era que California ya no parecía lo bastante rica como para financiar de forma adecuada su sistema educativo. El segundo hecho, o corolario, era que en California parecía haber demasiadas poblaciones –incluyendo poblaciones que yo conocía, poblaciones que consideraba parte de mi paisaje interior, poblaciones que creía entender, poblaciones de los valles de Sacramento y San Joaquín– tan empobrecidas espiritual y materialmente que la única forma que se les ocurría a sus ciudadanos de dar un giro a su fortuna era hacerse con una prisión estatal. Como la construcción de prisiones y la asignación de personal penitenciario eran dos de las razones más importantes de que California ya no se sintiera lo bastante rica como para financiar de forma adecuada su sistema educativo, de entrada este segundo hecho se presentaba como una afrenta todavía más grande que la primera, como evidencia de que la «nueva» California había vendido por fin y de forma fatídica a la antigua.

Luego me acordé, luego me di cuenta.

No estábamos viendo nada «nuevo».

Estábamos viendo una versión más de nuestro acuerdo con el Pacífico Sur.

Estábamos viendo una nueva versión de hacer tratos con el gobierno federal que traerían cola.

Estábamos viendo una caída entusiasta más en un error familiar de California, el de vender el futuro del lugar donde vivíamos al mejor postor, que en este caso era la California Correctional Peace Officers Association.

Esta California Correctional Peace Officers Association es el sindicato de guardias penitenciarios, una fuerza de 29.000 miembros que ya hace años que mantiene la operación más eficaz de un grupo de presión en Sacramento. En el ciclo de elecciones de 1998, por ejemplo, el sindicato desvió más de dos millones de dólares a la campaña gubernativa de Grey Davis y tres millones más a otros varios candidatos y propuestas. «Lo único que pido es que nos dejen jugar en el campo de béisbol con todos los demás chicos y chicas mayores», dijo Don Novey a *Los Angeles Times* en 2000. Don Novey es el exguardia de la Prisión Estatal de Folsom que en 1980 se convirtió en presidente de la California Correctional Peace Officers Association. «Nos consideran el matón del patio de la escuela. Pero lo único que estamos haciendo es mirar por los nuestros, igual que hace todo el mundo.» Don Novey llama «el otro bando» a quienes no ven clara la necesidad de prisiones nuevas. Donó 75.000 dólares al oponente de un senador estatal que se había pronunciado en contra de una cuestión electoral acerca de la construcción de una prisión. «Si Don Novey dirigiera el sindicato de la construcción –le dijo al *Times* un estratega republicano–, habría un puente para cruzar cada uno de los charcos del estado.» En California los guardias penitenciarios eran la fuerza política que había detrás del movimiento de los derechos de las víctimas. En California los guardias penitenciarios eran la fuerza política que había detrás de la legislación y la iniciativa de las «tres faltas» de 1994, que imponía una sentencia de entre veinticinco años y cadena perpetua para toda condena por un tercer delito grave, incluso para crímenes tan pequeños como cultivar una planta de marihuana en tu repisa o hurtar en una tienda una botella de vino Ripple. Los guardias penitenciarios eran la fuerza política que llegado el año 2000 había convertido el sistema penitenciario de California, con treinta y tres penitenciarías y 162.000 reclusos, en el más grande del hemisferio occidental.

Las prisiones no siempre habían sido una industria en alza en California. En 1852 solo existía San Quintín y en 1880 también estaba Folsom. Durante los 104 años siguientes, un siglo durante el cual la población de California aumentó de 865.000 a 25.795.000 personas, el estado solo consideró necesario abrir diez centros más, la mayoría de seguridad baja o media. No fue hasta 1984, cuatro años después de que Don Novey asumiera el liderazgo del sindicato, cuando empezaron a ponerse en marcha las nuevas prisiones de máxima y supermáxima seguridad, Solano en 1984, «New Folsom» (a cuatrocientos metros de «Old Folsom») en 1986, Avenal, Ione, Stockton y San Diego en 1987, Corcoran y Blythe en 1988, Pelican Bay en 1989, Chowchilla en 1990, Wasco en 1991, Calipatria en 1992, Lancaster, Imperial, Centinela y Delano en 1993, Coalinga y una segunda prisión en Blythe en 1994, las segundas prisiones de Susanville y Chowchilla en 1995, Soledad en 1996 y una segunda prisión en Corcoran en 1997.

Delano, la población del valle de San Joaquín situada entre Tulare y Bakersfield que fuera de California se volvió sinónimo del sindicato de granjeros de César Chávez, todavía espera su segunda prisión, «New Delano», que se ha de construir al otro lado de la carretera de la que ya se llama «Old Delano», la Prisión Estatal de North Kern, de diez años de antigüedad. Mendota, población situada al oeste de Fresno y al sur de Chowchilla, sigue esperando la que iba a ser su prisión erigida y operada por el sector privado, cuya construcción fue iniciada y luego pospuesta por la Corrections Corporation of America, con sede en Nashville, que había encontrado un inconveniente imprevisto al intentar firmar un contrato con el estado para llenar de presos la cárcel de alta seguridad de 100 millones de dólares que ya había construido en el desierto de Mojave. «Pueden construir todas las prisiones que quieran —dijo Don Novey llegado este punto—. Pero no las van a dirigir ni de coña.»

Resulta curioso que esas prisiones sigan siendo objetos de abyecto deseo por parte de la ciudadanía, puesto que no han enriquecido realmente a las poblaciones que las albergan. Las nuevas prisiones crean puestos de trabajo, pero pocos de esos trabajos se adjudican a empleados locales. El Departamento de Prisiones admite que importa a la mitad de los «trabajadores penitenciarios» de toda prisión nueva, pero que «intenta» contratar al resto en la comunidad local. Los oponentes de «New Delano» señalan que solo entre un siete y un nueve por ciento de los trabajos en esas prisiones nuevas han ido a parar habitualmente a locales, y que a los empleados locales siempre les tocan los trabajos de servicios con los sueldos más bajos. De los 1.600 puestos de trabajo proyectados en «New Delano», solo 72 iban a ser para empleados locales. También hay costes tanto económicos como sociales: cuando las familias de los reclusos se mudan a una población que tiene una prisión, no solo saturan los recursos limitados de las escuelas locales y de las agencias de servicios sociales, sino que también traen a niños emocionalmente estresados a la comunidad y al sistema escolar. «Se trata siempre de alumnos de muy alto riesgo —comentó a *Los Angeles Times* un funcionario educativo del condado de Lassen, donde está ubicada Susanville—. Vienen de hogares monoparentales. Son chavales que están solos en sus casas y cuyas familias a menudo viven de la ayuda para hijos dependientes. Es muy obvio que vienen de un ámbito completamente distinto. Eso crea conflictos sociales. Los niños no encajan.»

Corría 1993 cuando el Departamento de Prisiones de California activó su primera «valla de la muerte» en Calipatria. Corría 1994 cuando se activó la segunda «valla de la muerte», en Lancaster, que portaba una carga de 650 miliamperios, casi diez veces el voltaje necesario para causar la muerte instantánea. «Lo que hace la valla es eliminar la posibilidad del error humano —consta que dijo el director de Lancaster, explicando que aquellas vallas de un millón de dólares les ahorrarían dinero a largo plazo porque se podría eliminar a los agentes armados de las torres de francotiradores de la prisión—. La valla nunca se retira a dormir. Nunca va al lavabo. No tiene que hacer nada de todo eso. Siempre está funcionando.» Corría también 1994 cuando los exámenes estándar de competencia lectora que hacían los alumnos de cuarto curso de California los situaron los últimos del país, por debajo de Misisipi y empatados solo con Luisiana. Corría 1995 cuando por primera vez California gastó más en sus prisiones que en sus dos sistemas universitarios, los diez campus de la Universidad de California y los veinticuatro campus de la Universidad Estatal de California.

Durante la mayor parte de mi vida he interpretado el crecimiento del sistema penitenciario y la reducción del compromiso con la educación pública como evidencias de cómo había «cambiado» California. Hasta hace poco no he empezado a ver estos fenómenos como lo contrario, evidencias de que California «no había cambiado», y a entender que al analizarse a sí misma la cultura siempre ha interpretado de forma errónea el significado de «cambio».

4

La comunidad de los primeros estadounidenses que se asentaron en California representaba bastante bien, como veremos, la cultura y el carácter nacionales medios. Pero ninguna otra parte de nuestra tierra se pobló tan deprisa como California en aquellos primeros días dorados. En ninguna otra parte nos influyó tanto a los americanos —en nuestras vidas y en nuestras conductas— la conciencia de haber asumido el papel de conquistadores en una tierra nueva. En ninguna otra parte nos obligaron las circunstancias a vivir a la merced de una suerte tan caprichosa, ni a darle incluso a nuestras empresas más legítimas un carácter peligrosamente especulativo. En ninguna otra parte se nos obligó tan deprisa a improvisar un gobierno para un contingente tan grande de forasteros; y en ninguna otra parte estuvo tan a punto la fortuna de despojarnos durante un tiempo breve de nuestra devoción natural a los deberes de la ciudadanía. Por tanto, en los inicios de California los estadounidenses mostramos defectos nuevos y también una fuerza nueva. Mostramos niveles nuevos de desatención y de precipitación, una confianza extravagante en la suerte, una ceguera inédita a nuestros deberes sociales y una indiferencia a los derechos de los extranjeros, de los cuales no podemos estar orgullosos. Pero también mostramos nuestros mejores rasgos como nación, unos rasgos que hicieron mucho por expiar nuestros defectos. En su conjunto, la

comunidad de pioneros de California se mostró persistente-
mente jovial, enérgica, valiente y abierta a las enseñanzas. Al
cabo de unos años se había arrepentido de sus peores faltas,
había soportado con un buen humor encantador sus peores
penas y estaba lista para emprender con devoción renovada
la tarea cuya verdadera importancia ya había entendido del
todo: la tarea de construir un estado bien organizado, permanente y progresista en la costa del Pacífico. Y a esa tarea lleva
desde entonces dedicada.

JOSIAH ROYCE,
California: A Study of American Character, 1886

Al este de Sacramento, en una carretera llamada Kilgore
Road de lo que hoy es Rancho Cordova, una población
de casi cincuenta mil personas que existe solo porque la
Aerojet General empezó a fabricar cohetes allí después de
la Segunda Guerra Mundial, hay un cementerio familiar
de poco más de una hectárea, el cementerio Matthew Kilgore, con la verja desaparecida largo tiempo atrás, las doscientas y pico tumbas invadidas de maleza y muchas lápidas
de piedra, algunas de las cuales tienen fechas tan recientes
como la década de 1970, volcadas. Allí fueron enterrados
dos de mis tatarabuelos, Matthew Kilgore y su mujer Massa McGuire Kilgore, Massa Kilgore en 1876 y Matthew
Kilgore en 1882. En mis años de secundaria y de universidad y aun después, a veces me acercaba allí con el coche,
aparcaba y me sentaba en el guardabarros a leer, hasta que
un día me fijé, mientras estaba apagando el motor, en una
serpiente de cascabel que salía de una piedra rota a la
hierba seca, y ya no volví a salir del coche.

En la década de 1980, después de que el mal estado del
cementerio Kilgore generara cierta preocupación en el
pueblo (los vándalos habían desenterrado un cuerpo y le

habían robado la cabeza), el presidente de la Cámara de Comercio de Rancho Cordova hizo un llamamiento a los «cordovenses» (habitantes de Rancho Cordova o, en otras palabras, «gente nueva») a fin de que se presentaran voluntarios para recoger las botellas de cerveza y la basura que habían dejado allí los gamberros. «Hay muchos vecinos a quienes les gustaría ver este lugar histórico conservado tal como se merece», aparece citado en el artículo del periódico que mi madre recortó y me mandó a Los Ángeles.

La siguiente vez que hablamos mi madre y yo, le pregunté si nuestra familia –por ejemplo mis setenta y pico primos que asistían todos los años a la Reunión de la Familia Kilgore que se celebraba en McKilney Park, en East Sacramento– se iba a sumar a la iniciativa de limpiar el cementerio Kilgore.

Nuestra familia, me contestó mi madre, no era dueña del cementerio Kilgore.

Se me ocurrió que el presidente de la Cámara de Comercio de Rancho Cordova tampoco era dueño del cementerio Kilgore, pero en lugar de decírselo le pregunté cómo había dejado nuestra familia de ser dueña del cementerio Kilgore.

–Supongo que alguien lo vendió –dijo mi madre.

Pensé en aquello.

También me acordé de la vez en que había visto la serpiente de cascabel yendo de la piedra rota a la hierba.

Había visto a la serpiente de cascabel, pero no había conseguido salir del coche y matarla, y por tanto había violado, con plena conciencia de estar haciéndolo, lo que mi abuelo me había dicho que era «el código del Oeste».

Pero si «no matar a la serpiente de cascabel» violaba «el código del Oeste», ¿acaso no lo violaba también «matar el cementerio»? ¿No era lo mismo? No es de extrañar que el cementerio Kilgore haga una especie de aparición en *Río revuelto*. El padre de Lily, Walter Knight, después de saltarse una curva en la carretera del río y ahogarse atrapado en su coche, es enterrado en lo que se describe como un pequeño cementerio familiar donde la tumba más reciente era de 1892. El entierro se narra desde el punto de vista de Lily: «Había cierto consuelo en aquel cementerio abandonado. La hierba seca tapaba las lápidas y las alas de los ángeles de piedra que protegían la cancela de alambre oxidado llevaban años rotas; en aquel lugar no había nada de ese respeto por la muerte implícito en una parcela bien cuidada».

¿Es posible que esto reflejara lo que yo pensaba del abandono del cementerio Kilgore? ¿Una admirable negativa, digna de la travesía de carromatos al Oeste, a concederle a la muerte su dominio? La idealización del pequeño cementerio familiar en *Río revuelto* sigue así: «Una vez, hacía mucho tiempo, Walter Knight había llevado a Lily a ver aquel cementerio. Le había hecho reseguir con el dedo las letras de las lápidas, los nombres y las fechas, hasta encontrar la lápida pequeña y tosca que indicaba la tumba más antigua». Aquella «tumba más antigua» era de un niño de menos de dos años, el primer miembro de la familia que había muerto en California. «Creo que nadie posee una tierra hasta que están sus muertos en ella», le dice Walter Knight a Lily en esa ocasión. «A veces creo que todo el valle es mío», dice Lily, y su padre le contesta en tono firme: «Lo es, ¿me oyes? Lo creamos nosotros».

¿Acaso yo había sabido, mientras escribía *Río revuelto*, que el cementerio Kilgore había sido vendido o iba a ser vendido? ¿Era ese el razonamiento que había hecho? ¿La idea de que, si nuestros muertos estaban allí, éramos los dueños? ¿De que era nuestro y podíamos venderlo? ¿O bien me las había apañado para incorporar el hecho de «vender el cementerio» a mi lista de agravios contra la «gente nueva», contra los «cambios»? ¿Exactamente en qué momento debí de preguntarme si era la gente nueva la que había vendido el cementerio? ¿Había sido la gente nueva la que había arado el suelo y usado para pastos aquella hierba que se podía atar desde lo alto de las sillas de montar? ¿Cómo habría interpretado Josiah Royce el hecho de «vender el cementerio»? ¿«Niveles nuevos de desatención»? ¿«Ceguera inédita a nuestros deberes sociales»? ¿O bien «la tarea de construir un estado bien organizado, permanente y progresista en la costa del Pacífico»? ¿O acaso todo era lo mismo?

Desde la década de 1870 hasta la de 1920, según el estudio de 1978 de Richard W. Fox *So Far Disordered in Mind: Insanity in California 1870-1930*, California tuvo una tasa más alta de reclusiones por locura que ningún otro estado de la nación, una desproporción que se podía explicar de manera muy razonable, sugiere Fox, «por el celo con que los funcionarios del estado de California se dedicaban a localizar, detener y tratar no solo a quienes consideraban "enfermos mentales", sino también a una amplia gama de otros anormales, entre ellos, citando a los médicos de los hospitales estatales, "imbéciles, seniles, idiotas, borrachos, cortos de luces, simples" y también "ancianos, vagabundos y desamparados"». No solo tenía California aquella tasa notablemente más elevada de reclusiones, sino que además las instituciones en las que internaba a sus ciudadanos diferían fundamentalmente de las del Este, donde la estrategia para tratar con la locura había estado desde el principio medicalizada, basada en regímenes —por poco que se cumplieran— de tratamiento y terapia. La idea de cómo tratar con la locura en California empezaba y terminaba con la detención.

Tan amplios eran los criterios para la reclusión, y tan generalizada era la inclinación a dejar que el estado se hiciera cargo de lo que en otra cultura se habría interpretado como una carga familiar, que incluso muchos de los médicos que dirigían el sistema se sentían incómodos. Ya en 1862, según *So Far Disordered in Mind*, el médico residente del Manicomio Estatal de Stockton se quejaba de que recibía pacientes «que, si tienen las mentes afectadas por algo, es por la debilidad de la edad anciana, o por los excesos, o quizá de forma más habitual por ambas cosas». En 1870, el censo federal clasificaba a uno de cada 489 californianos como demente. Llegado 1880, la proporción se había elevado a uno de cada 345. Después de 1903, cuando la tasa se había elevado a uno de cada 260 y los manicomios habían rebasado su capacidad, ganó aceptación la idea de esterilizar a los reclusos, pensando que de esa forma se podría poner en libertad a cierto número de ellos sin peligro de que se reprodujeran. La esterilización de los reclusos, o su «asexualización», que ya se había legalizado en otros estados en 1907, se legalizó en California en 1909. En 1917, el derecho del estado a esterilizar se había ampliado dos veces, primero para abarcar los casos en que el paciente no aceptaba el procedimiento y después los casos en los que al paciente ni siquiera le habían diagnosticado un trastorno hereditario o incurable, sino solo «perversión o desviaciones pronunciadas de la mentalidad normal». A finales de 1920, de las 3.233 esterilizaciones por demencia o debilidad mental que se habían realizado hasta la fecha en Estados Unidos, 2.558, o el setenta y nueve por ciento, habían tenido lugar en California.

Lo llamativo de esta dinámica de reclusiones era hasta qué punto se alejaba de la idea que tenía California de sí misma como lugar libre, menos rígido socialmente que el resto del país, más adaptable y más tolerante con las diferencias. Cuando Fox analizó los registros de reclusiones de San Francisco correspondientes a los años entre 1906 y 1929, descubrió que la mayoría de los hospitalizados, el cincuenta y nueve por ciento, no habían sido encerrados por violentos, ni porque supusieran una amenaza para los demás ni para sí mismos, sino simplemente porque alguien, a veces un agente de policía pero a menudo un vecino o pariente, había denunciado que exhibían «conductas extrañas o peculiares». En 1914, por ejemplo, los médicos forenses de San Francisco concedieron a una mujer su deseo de recluir a su hermana soltera de treinta y siete años, basándose en el hecho de que la hermana, a pesar de su apariencia «callada y amistosa» durante la detención, había empezado a «hacer tonterías, había perdido interés en todas las cosas que interesan a las mujeres, ya no podía hacer ganchillo tan bien como antes y no le interesaba nada del presente». En 1915 se internó a un oficinista de cuarenta y un años porque «se ha pasado tres semanas molestando al director del registro municipal, llamándolo a diario e insistiendo en que es el subdirector». En 1922 se recluyó a una divorciada de veintitrés años después de que una vecina denunciara que era «perezosa, desaliñada, desatiende su aspecto, se pasa días fuera de casa, descuidándose y juntándose con hombres». El mismo año se recluyó a una pianista de cuarenta y ocho años bajo el argumento de que «lleva años siendo una irresponsable; ha sido causa de enormes molestias a muchas instituciones como la Asociación Cristiana de Mujeres Jóvenes, iglesias, etcétera».

No da la impresión de que esta necesidad en apariencia imperiosa de detener a ciudadanos californianos que en muchísimos casos solo estaban trastornados de forma muy marginal y someterlos a una privación de libertad indefinida fuera interpretada por el resto de la ciudadanía como un ansia excesiva de control social. Tampoco parece que aquellos conciudadanos vieran su propia tendencia a deshacerse de parientes y vecinos molestos como un posible defecto de su propia socialización. Muy pronto resultó conveniente creer que la locura era algo propio del lugar, igual que los terremotos. El primer Manicomio Estatal de California, el de Stockton, se fundó en 1853 de manera específica para tratar a quienes se creía que habían enloquecido en los yacimientos de oro. Según un informe del Consejo Sanitario Estatal de 1873, esta locura endémica tenía que ver con «el espíritu especulador y fullero» del asentamiento de California. Tenía que ver con los «elementos heterogéneos», tenía que ver con el «cambio de clima, hábitos y modos de vida», tenía que ver con verse «aislado, despojado de compasión y de todas las influencias del hogar». California en sí, por tanto, según su propio Consejo Sanitario, era un lugar «diseñado para romper algún eslabón en la cadena de la razón e inducir confusión incluso en las propiedades mentales más equilibradas».

En mi mesa tengo un ejemplar del *California Blue Book, or State Roster* [Libro Azul de California, o Directorio Estatal], del año 1895, un desecho de familia, rescatado de una caja de la organización benéfica Good Will durante una mudanza de mi madre. En la época en que me cayó en las manos di por sentado que el ejemplar había pertenecido a mi abuelo, pero ahora veo que el ex libris dice: «Propiedad de Chas F. Johnson, Bakersfield, Calif. n.º 230», en otras palabras, es el desecho de otra familia. El libro está ilustrado con grabados y fotografías, y en una cantidad sorprendente de estos aparecen los que en 1895 eran los cinco manicomios del estado, enormes estructuras victorianas que parecían haber brotado de los desiertos y campos de los condados rurales de California en medio de una soledad más punitiva que terapéutica. Entre las ilustraciones figuran los datos, desplegados en pulcras columnas: en el Manicomio Estatal de Napa había treinta y cinco «enfermeros», cada uno de los cuales recibía un salario anual de 540 dólares. Todos estaban identificados por su nombre. Debajo de los «enfermeros», y también identificados por su nombre, estaba la lista de los «auxiliares de enfermería», trece de los cuales cobraban 480 dólares al año y el resto 420. En la plantilla del Manicomio Estatal de Agnews, en el condado de Santa Clara, al parecer había más «cocineros», «ayudantes de cocina», «panaderos» y «ayudantes de panadero» que médicos (los únicos médicos que constaban eran el «director médico», que cobraba 3.500 dólares, y dos «ayudantes de médico», con sueldos respectivos de 2.500 y 2.100 dólares), pero la plantilla también incluye –un detalle que da escalofríos por el lúgubre entretenimiento que sugiere– a un «músico y ayudante de enfermería», que recibía sesenta dólares más del presupuesto que los demás ayudantes de enfermería, presumiblemente no músicos.

Estos lugares sobrevivieron durante mi infancia y adolescencia y hasta entrada mi vida adulta, y producían un miedo todavía peor que el de ahogarse en los ríos (ahogarse significaba que habías malinterpretado al río, ahogarse era algo que se entendía, ahogarse era aceptable): el miedo a que se te llevaran –no, peor– a que «te encerraran». Cerca de Sacramento había un manicomio al que íbamos periódicamente nuestra tropa de girl scouts para exhibir ante los internos nuestra firme jovialidad mientras cantábamos, niñas de nueve años con insignias al mérito en la manga a las que ponían a trabajar como músicas y ayudantes de enfermería. «White coral bells upon a slender stalk –cantábamos en la galería, evitando mirar a nadie a los ojos–, lilies of the valley line your garden walk.» A los nueve años no podría haber sabido que la hermana de mi abuela, que había venido a vivir con nosotros sumida en la melancolía tras la muerte de su marido, terminaría falleciendo en el manicomio de Napa, pero la posibilidad de que aquel destino te tocara era el pan nuestro de cada día.

«Oh don't you wish that you could hear them ring —cantábamos, mientras nos iba fallando la voz a una tras otra, y es que solo las más fuertes o las menos perceptivas eran capaces de seguir cantando en presencia de aquella gente encerrada, ya irremediablemente perdida, abandonada—, that will happen only when the angels sing.» Si era cuestión de elegir entre nosotras y ellas, ¿quiénes de las que estábamos en esa galería no habrían incurrido en aquellos «nuevos niveles de desatención» y en aquella «ceguera inédita a nuestros deberes sociales»? ¿Quiénes de las que estábamos en esa galería no habrían abandonado a la huérfana señorita Gilmore y a su hermano junto al Little Sandy? ¿Quiénes de las que estábamos en aquella galería no compartían en algún nivel el convencimiento avergonzado pero arraigado de que si eras débil o molestabas te acabarían abandonando? ¿Quiénes de las que estábamos en aquella galería no veríamos la serpiente de cascabel y la dejaríamos vivir? ¿Quiénes de las que estábamos en aquella galería no vendería el cementerio? ¿Acaso aquellos abandonos no constituían el espíritu mismo de la crónica de la travesía? ¿Deshacerse de lastres? ¿Seguir avanzando? ¿Enterrar a los muertos en el camino y hacer pasar los carromatos por encima? No te detengas a pensar en lo que dejaste atrás, no mires atrás para nada. «Acuérdate —nos había avisado Virginia Reed a los atentos hijos de California, aquellos que habíamos sido aleccionados prácticamente desde la infancia con los horrores a los que ella había sobrevivido—, no cojáis ningún atajo y apresuraos tanto como podáis.» Una vez, durante un trayecto en coche al lago Tahoe, me sentí impulsada a impartirles a los hijos pequeños de mi hermano la siniestra lección de la expedición Donner, por si acaso a él se le había ocurrido ahorrársela. «No te preocupes —re-

cordaba haberse dicho a sí misma otra hija atenta de California, Patricia Hearst, en la época en que sus secuestrado-
res la tenían encerrada en un trastero–. No examines tus
sentimientos. Nunca examines tus sentimientos, no te van
a ayudar en nada.»

CUARTA PARTE

1

Para mí, de niño, mi estado era el mundo que yo conocía, y me imaginaba que los demás estados eran más o menos «igual que este». Nunca sentí la fuerza cálida y colorida de la belleza de California hasta que me marché y volví siguiendo la misma ruta que mi padre: llanuras monótonas; desierto caluroso y seco; la noche de las montañas heladas; las laderas al alba que dan paso al día soleado del valle; y por último, el crepúsculo a través del Golden Gate. Y eso que llegué en tren, cómodamente y deprisa. Mi padre, que sufrió y luchó y sudó hasta el último palmo del camino al ritmo de los bueyes, siempre hacía una pausa cuando rememoraba cómo habían coronado la cima y habían emprendido el descenso, llenos de gozo, hacia aquel asombroso mar dorado de luz; hacía una pausa, lo veía nuevamente como lo había visto entonces y decía: «Y me di cuenta de que este era el sitio donde quería vivir».

LINCOLN STEFFENS,
The Autobiography of Lincoln Steffens

Mi madre murió el 15 de mayo de 2001, en Monterrey, dos semanas antes de cumplir los noventa y uno. La tarde anterior yo había hablado con ella por teléfono desde Nueva York y ella me había colgado a media frase, una forma de despedirse tan característica de ella —destinada principalmente a que quien la llamara se ahorrara dinero en lo que ella todavía llamaba «conferencias de larga distancia»— que hasta la mañana siguiente, cuando me llamó mi hermano, no se me ocurrió que en aquella última ocasión ella quizá hubiera estado demasiado débil para mantener la conversación.

O quizá no solo demasiado débil.

Quizá demasiado consciente de la importancia que podía tener aquella despedida en particular.

Durante el vuelo a Monterrey reviví con claridad las muchas veces en que yo, como Lincoln Steffens, había «vuelto» en el pasado, había volado hacia el oeste, había seguido el sol, experimentando siempre un alivio en el alma cuando la tierra que sobrevolábamos se abría y los campos cuadriculados de los llanos de la región central daban paso a la gigantesca extensión vacía que separaba las Rocosas de la Sierra Nevada; y luego *mi hogar, allí, el sitio del que yo era, yo*, California. Tardaría un tiempo en darme cuenta de que ese «yo» es lo que pensamos cuando se mueren nuestros padres, aunque fuera a mi edad: ¿Quién me va a cuidar ahora? ¿Quién me va a recordar cómo era? ¿Quién sabrá ahora lo que me pasa? ¿De dónde voy a ser?

Tras la muerte de mi madre me encontré a menudo pensando en las confusiones y contradicciones de la vida de California, muchas de las cuales ella había encarnado. Por ejemplo, mi madre despreciaba al gobierno federal y sus «ayudas», pero no veía ninguna contradicción entre este punto de vista y su dependencia del estatus de reservista de mi padre para usar libremente a los médicos y farmacias de la Fuerza Aérea, o para comprar en los economatos y almacenes de cualquier instalación militar que tuviera cerca.

Pensaba que el verdadero espíritu de California era el individualismo sin restricciones, pero llevaba la idea de los derechos individuales a unos extremos mareantes y a veces punitivos. Ciertamente buscaba una apariencia de «severidad», una palabra que ella parecía considerar sinónima de lo que más tarde se llamaría «criar a los hijos». Durante su infancia en el norte del valle del Sacramento, había visto a hombres ahorcados delante de los juzgados. Tras el asesinato de John Kennedy, insistió en que Lee Harvey Oswald había tenido «todo el derecho» a asesinarlo, y que a su vez Jack Ruby había tenido «todo el derecho» a matar a Lee Harvey Oswald, y que si se había dado alguna ruptura del orden natural, había sido por parte de la policía de Dallas, que no había ejercido su derecho de «pegarle un tiro a Ruby allí mismo». Cuando le presenté a mi futuro marido, mi madre le informó de inmediato de que sus ideas políticas le iban a parecer tan de derechas que la iba a considerar el «arquetipo de la viejecita con zapatillas de tenis». Aquel año por Navidad él le regaló la colección entera de publicaciones de la asociación conservadora John Birch, docenas de panfletos de llamamiento a la acción, en su estuche. Ella se quedó encantada y le hizo mucha gracia y le enseñó los panfletos a todo el que pasó por la casa aquellas fiestas, aunque que yo sepa jamás abrió ninguno.

Mi madre tenía opiniones contundentes y apasionadas sobre una serie de cuestiones que, si las examinabas, no reflejaban ninguna creencia que tuviera realmente. Se consideraba episcopaliana, igual que su madre. Se casó en la procatedral episcopaliana de la Trinidad de Sacramento. Me bautizó allí. Enterró a su madre allí. Mi hermano y yo le organizamos su funeral en la capilla episcopaliana de Saint John de Monterrey, una iglesia a la que ella solo había ido dos o tres veces pero que le gustaba como idea no solo porque era una iglesia «californiana» (la habían construido en la década de 1880 Charles Crocker y C.P. Huntington en los terrenos del hotel Del Monte de la Southern Pacific), sino también porque la liturgia que usaban era la de 1928 y no la revisada del *Libro de oración común*. Y sin embargo, a los doce años se había negado a ser confirmada en la iglesia episcopaliana: había hecho toda la instrucción y había llegado a comparecer ante el obispo, pero cuando le habían pedido la habitual afirmación rutinaria de algún elemento doctrinal bastante básico, ella había declarado enfáticamente, como si aquello fuera un debate, que se veía «incapaz de creer» que Cristo fuera el hijo de Dios. Llegado el momento de mi confirmación, se había reafirmado todavía más en aquella posición. «La única iglesia a la que podría ir sería unitaria», anunció cuando mi abuela le preguntó por qué nunca iba a la iglesia con nosotros.

—Eduene —le dijo mi abuela, en tono suave y lastimero—. ¿Cómo puedes decir eso?

—Tengo que decirlo, si quiero ser sincera —dijo mi madre, la dulce voz de la razón—. Porque no creo que Cristo sea el hijo de Dios.

Mi abuela se animó, viendo una oportunidad para zanjar el asunto.

—Entonces no pasa nada —dijo—. Porque tampoco hace falta que nadie se crea todo eso.

Solo en los últimos años me he dado cuenta de que muchas de aquellas opiniones que mi madre proclamaba en tono dramático eran defensivas, su propia versión de los «principios, metas y motivaciones establecidos y asentados en la vida» de su bisabuela, una barricada para protegerse del temor profundo a la ausencia de significado. Siempre había habido vislumbres de aquel temor, que yo había pasado por alto, atrincherada en mi propia barricada. Ella no entendía qué sentido tenía hacer la cama, por ejemplo, porque «simplemente vamos a volver a dormir en ella». Tampoco veía para qué quitar el polvo, ya que el polvo regresaba. «¿Qué importa?», decía a menudo, para poner fin a la discusión de si alguna conocida tenía que abandonar a su marido o de si alguna prima tenía que dejar los estudios y hacerse manicurista. «¿Qué importa?»: dos palabras que llegaron a helarme hasta los huesos, las mismas que decía cuando yo insistía en preguntarle por la venta del cementerio. El primer Viernes Santo después de que se muriera su madre, ella iba conduciendo por el campo con una amiga de Sacramento. En el sitio donde pararon a comer no tenían pescado en el menú, solo carne. «Di un bocado y me acordé de mi madre y me dieron ganas de vomitar», me contó cuando llegó al cabo de unos días a mi apartamento de Nueva York. Su madre, me dijo, jamás comería carne en Viernes Santo. A su madre no le gustaba cocinar pescado, pero compraba un cangrejo y le partía la cáscara. Estaba a punto de sugerirle que en pleno viaje de carretera por el interior del país habría sido difícil conseguir que te sirvieran cangrejo de Dungeness con la cáscara partida, pero antes de poder decirle nada vi que estaba llorando. «¿Qué importa?», dijo por fin.

Antes de eso, yo solo había visto llorar a mi madre una vez. Había sido durante la Segunda Guerra Mundial, en una calle céntrica de alguna ciudad donde mi padre estaba destinado, Tacoma o Durham o Colorado Springs. Mi madre nos había dejado esperando en el coche a mi hermano y a mí mientras entraba en la oficina de vivienda para militares que alojaba a los familiares dependientes. La oficina estaba abarrotada, con mujeres y criaturas apoyadas en los ventanales y esperando fuera. Cuando nuestra madre volvió a salir a la acera estaba llorando: parecía que se había colmado algún vaso, que ya llevábamos demasiados días sin un techo para vivir.

«El espanto y el vacío», escribió Sarah Royce.

«Sin casa ni hogar.»

Cuando entró en el coche, ya tenía los ojos secos y una expresión de alegría resuelta. «Es una aventura —nos dijo—. Son tiempos de guerra, estamos haciendo historia, luego daréis gracias de haber tenido la oportunidad de ver todo esto.» En una de aquellas ciudades por fin encontramos habitación en un hotel, con bañera compartida, en la que cada día mi madre echaba un bote entero de desinfectante de pino antes de bañarnos. En Durham teníamos una sola habitación con derecho a cocina, en la casa de un predicador fundamentalista y de su familia, que después de cenar se sentaban en el porche y comían helado cada uno de su cartón individual de litro. La hija del predicador tenía un juego completo de muñecas de papel de *Lo que el viento se llevó*, con el que me estaba prohibido jugar. Fue en Durham donde los hijos del vecindario se metían por debajo del porche trasero y se comían la tierra, raspándola con una patata cruda cortada y chupándola, ansiando un ingrediente que le faltaba a su dieta.

Malacia.

Yo ya conocía la palabra por entonces porque me la había dicho mi madre. «Lo hacen los niños pobres —me explicó, con la misma expresión resueltamente alegre—. En el Sur. En Sacramento no te habrías enterado nunca.»

Fue en Durham donde mi madre vio que mi hermano intentaba coger algo a través de los barrotes de su corralito infantil y se quedó petrificada, incapaz de moverse, porque lo que estaba intentando coger era una víbora cobriza. La serpiente se marchó, posiblemente otro caso de «intervención de la Providencia» que había salvado al tatarabuelo de mi madre del perro rabioso en Georgia.

Se me ocurre una cosa mientras escribo esto: que mi madre no mató a aquella serpiente.

Solo una vez, en Colorado Springs, terminamos viviendo en una casa solo para nosotros; no era ninguna mansión, era un bungaló amueblado de cuatro habitaciones de paredes estucadas, pero al menos era una casa. Yo me había saltado parte del primer curso porque habíamos estado yendo de un sitio para otro y me había saltado todo segundo porque habíamos estado yendo de un sitio para otro, pero en Colorado Springs teníamos casa; en Colorado Springs podía ir a la escuela. Y fui. Ya estaban haciendo multiplicaciones y yo me había saltado aprender a restar. En la base militar donde estaba destinado mi padre los pilotos descendían trazando espirales por el aire enrarecido de Colorado. Te enterabas porque oías los camiones de rescate de víctimas aéreas. Una compañera de clase me dijo que su madre no la dejaba jugar con la escoria de las familias de militares. Mi abuela vino en tren a visitarnos y como de costumbre trajo consuelo material, toallas azules y gruesas y jabón de Helena Rubinstein con forma de flores de manzano. Tengo fotos donde estoy con ella delante del hotel Broadmoor, mi abuela con sombrero de John Fredericks y yo con uniforme de girl scout. «Tienes mala suerte de haberte vuelto a casa porque aquí hace un tiempo maravilloso», le escribí cuando se marchó. La carta, que encontré junto con las fotos de mi madre de aquella época, está decorada con estrellas doradas y plateadas y árboles de Navidad recortados, lo cual sugiere que me había esforzado por usar un tono optimista. «Pero mi madre ha oído que una chica decía en la base: "¿Os acordáis del Año Nuevo pasado? Estábamos a veinticinco bajo cero, y hacía el mismo tiempo". Tenemos un abeto azul de Navidad. El 23 Jimmy y yo vamos a una fiesta en la base. Le han cambiado el nombre a la base. Ahora se llama aeródromo de Peterson.»

Me acuerdo de que mi madre me hizo regalar los jabones con forma de flores de manzano a la mujer de un coronel que se marchaba, como regalo de despedida. Me acuerdo de que me animaba a construir muchos de aquellos corrales que se suponía que sabían construir los californianos, atando las ramas con su propia corteza arrancada, por si acaso venía en nuestra dirección alguna res suelta, una de las muchas técnicas de supervivencia que nunca tuve ocasión de usar. Recuerdo que una vez que nos quedamos aislados por la nieve me enseñó la manera de aceptar y rechazar invitaciones formales, una técnica de supervivencia salida de una fantasía distinta: «La señorita Joan Didion acepta encantada la amable invitación de», «La señorita Joan Didion lamenta no poder aceptar la amable invitación de». Otra vez que nos quedamos encerrados en casa por las nevadas me regaló varios ejemplares antiguos de *Vogue*, y me señaló en uno de ellos un anuncio del concurso que *Vogue* organizaba por entonces para universitarios de último año, el Prix de Paris, cuyo primer premio era un trabajo en la redacción de *Vogue* de París o de Nueva York.

Podrías ganarlo, me dijo. Cuando te llegue el momento. Podrías ganarlo y vivir en París. O en Nueva York. O donde quisieras. Pero no hay duda de que podrías ganarlo.

Más de una docena de años más tarde, durante mi último año en Berkeley, lo gané, y fui a Sacramento en coche con el telegrama de *Vogue* en el bolso. Me había encontrado el sobre amarillo con la ventanita de papel transparente al volver de una clase aquella tarde, después de que alguien me lo pasara por debajo de la puerta. «Estamos encantadas de informarle», decían las pequeñas tiras de cinta amarilla. «Señorita Jessica Daves, redactora jefe, *Vogue*.» Cuando le enseñé el telegrama a mi madre, le recordé que originalmente había sido idea suya.

—¿En serio? —me dijo, nada convencida.

Esto merece una copa, dijo mi padre, su solución a cualquier momento en que pareciera que iban a emerger emo-

ciones, igual que la solución de mi madre era colgar el teléfono.

—En Colorado Springs —le dije a mi madre, para refres-
carle la memoria—. Cuando nos quedamos aislados por la
nieve.

—Qué increíble que te acuerdes —me dijo.

Ahora me doy cuenta de que la Segunda Guerra Mundial fue nuestro Big Sandy, nuestro Little Sandy, nuestro
Humboldt Sink.

Qué increíble que te acuerdes.

Y me acordaba de otra cosa: me acordaba de que me
había dicho que cuando se terminara la guerra nos iríamos
todos a vivir a París. *Toute la famille.* París todavía no había
sido liberada, pero ella ya tenía un plan: mi padre se rein-
ventaría como arquitecto y estudiaría arquitectura en la
Sorbona gracias a la Ley de Veteranos. Y con este fin me
intentó enseñar el francés que había aprendido en la Escuela Secundaria Lowell de San Francisco.

¿Pourquoi nunca nos fuimos a vivir a París?

Je ne sais pas.

Unos años después de que terminara la guerra, cuando
ya volvíamos a vivir en Sacramento, le hice esta pregunta.
Mi madre me dijo que no nos habíamos ido a vivir a París
porque mi padre sentía la obligación hacia su familia de
quedarse en Sacramento. Recuerdo que me pregunté hasta qué punto había hablado de aquel plan con él, ya que yo
nunca había sido capaz de imaginarme a mi padre deján-
dolo todo para empezar una vida nueva en París con metas
nuevas. El problema de aquella imagen no era que mi padre
fuera reacio a asumir riesgos. De hecho, el riesgo era nuestro pan de cada día, el riesgo era lo que ponía las chuletas
en la mesa. Durante la Depresión mi padre nos había man-

tenido a mi madre y a mí a base de jugar al póquer con conocidos antiguos y más acomodados en el Sutter Club, un club para hombres de Sacramento del que no era miembro. Ahora mismo, acabada la guerra, nos estaba manteniendo a mi madre, a mi hermano y a mí a base de comprar casas y propiedades sin tener dinero alguno, luego las apalancaba y compraba más. Su idea de una forma relajante de hacer un pago era conducir hasta Nevada y pasarse toda la noche jugando a los dados.

No.

Está claro que él habría aceptado el riesgo.

El problema de la imagen era «París».

Uno de los pocos elementos perfectamente claros de su sistema de creencias (había muchos que no estaban nada claros) era el convencimiento de que Francia, donde no había estado nunca, era un país indigno poblado exclusivamente por gente retorcida, corrupta, frívola y colaboracionista. El apellido «Didion», insistía, no era francés sino alemán, el apellido de un antepasado que, aunque alemán, «se daba el caso de que vivía en Alsacia después de que la conquistaran los franceses». La primera vez que fui a París le mandé una página de un listín telefónico en la que figuraban muchos parisinos en apariencia franceses que se apellidaban «Didion», pero él nunca lo mencionó.

Uno de los elementos de la versión que me dio mi madre de la quimérica aventura de París sí que tenía sentido: era verdad que mi padre sentía la obligación hacia su familia de quedarse en Sacramento. La razón de que sintiera esa obligación se había condensado, en el seno de la familia y a lo largo de los años, en una serie verosímil de acontecimientos, una historia tan razonable que no resultaba convincente, una especie de caricatura. Esta era la historia: cuando su madre se estaba muriendo de gripe en 1918, le había dicho que cuidara de su hermano pequeño, y cuando su hermano perdió un ojo en un accidente con unos fuegos artificiales, mi padre pensó que le había fallado. De hecho, cualesquiera obligaciones no cumplidas e imposibles de cumplir que mi padre sintiera que tenía eran mucho menos identificables. Desprendía una tristeza de un modo tan incesante que teñía incluso los muchos momentos en que parecía estar pasándoselo bien. Tenía muchos amigos. Jugaba al golf, jugaba al tenis y parecía disfrutar en las fiestas. Y sin embargo, podía estar en medio de una fiesta en casa, sentado al piano —tocando «Darktown Strutter's Ball», por ejemplo, o «Alexander's Ragtime Band», siempre con un vaso largo de bourbon con soda al alcance de la mano— y la tensión que transmitía parecía tan enorme que yo tenía que marcharme, correr a mi habitación y cerrar la puerta.

Fue durante mi primer año en Berkeley cuando las manifestaciones físicas de aquella tensión se hicieron lo bastante preocupantes como para que lo mandaran al hospital Letterman, en el barrio del Presidio de San Francisco, para hacerse una serie de pruebas. No estoy segura de cuánto tiempo pasó en el Letterman, pero fue un periodo que se alargó semanas o meses. Mi madre conducía hasta allí desde Sacramento los fines de semana, el sábado o el domingo, y me recogía en la sede de la Triple Delta de Berkeley. Cruzábamos el Puente de la Bahía, íbamos al Presidio y recogíamos a mi padre para almorzar. Recuerdo que lo único que mi padre comía aquel año eran ostras crudas. Y recuerdo que después de las ostras nos pasábamos el resto de la tarde conduciendo, no de vuelta a la ciudad, porque a él no le gustaba San Francisco, sino a través del parque Golden Gate y siguiendo la playa hasta llegar al condado de Marin, a cualquier sitio donde fuera posible encontrar un partido de béisbol improvisado en un parque que pudiera pararse a mirar. Me acuerdo de que al final de la tarde le decía a mi madre que no lo dejara en el Presidio sino en la punta sudoeste del parque Golden Gate, para poder caminar de vuelta al hospital por la playa. A veces cruzaba entre semana el puente Golden Gate, visitaba a un primo suyo en su oficina de Sausalito y volvía andando. Una vez crucé el puente con él. Recuerdo que se bamboleaba. En sus cartas a mi madre llamaba en tono despectivo a los psiquiatras del Letterman «los tíos de la mente» o bien «los tíos de la mente sobre la materia», pero un año más o menos antes de morirse, a los ochenta y pico, me contó que en el Letterman había habido «una doctora» que lo «había ayudado mucho». «Hablábamos sobre mi madre», me contó. Ya llevaba varios años muerto cuando por fin conseguí entender algo que no podía haber escapado a mi meticulosa atención ni tampoco a la de mi madre en aquellas tardes de fin de semana de 1953: aquellos habían sido unos paseos negativos para alguien que estaba bajo observación por depresión.

Ahora se me ocurre que mi padre debió de ser muy valiente para dar aquellos paseos y volver.

También se me ocurre que mi madre debió de ser muy valiente para volver sola en coche a Sacramento mientras él daba aquellos paseos.

Mi padre murió en diciembre de 1992. Unos meses más tarde, en marzo, llevé a mi madre en coche desde Monterrey hasta Berkeley, donde íbamos a pasar unas noches en el hotel Claremont y yo iba a dar una charla en la ceremonia del Día de la Fundación de la Universidad de California.

—¿Nos hemos equivocado de carretera? —no paraba de preguntar mi madre mientras íbamos por la 101.

Yo le aseguré una y otra vez que no, hasta que finalmente le señalé un letrero sobre la carretera que decía: 101 NORTE.

—Entonces ¿dónde está todo? —me preguntó.

Se refería a dónde estaba Gilroy, dónde estaba el hotel Milias, dónde iba a encontrar las chuletas mi padre. Se refería a dónde estaba San Juan Bautista, a por qué ya no era un sitio tan encantadoramente remoto como lo había sido el día de 1964 en que yo me había casado. Se refería a dónde estaban los condados de San Benito y Santa Clara tal como ella los recordaba, las colinas costeras del norte de Salinas, el ganado pastando, las familiares vistas panorámicas que habían sido implacablemente reemplazadas (durante el año o los dos o los tres años, el abrir y cerrar de ojos que ella había pasado cuidando a mi padre) por kilómetros y kilómetros de parcelaciones de color pastel y entradas y salidas laberínticas a autopistas que no habían existido previamente.

Se pasó unos kilómetros callada.

Y entonces me dijo que toda California se había convertido en «San José».

Aquella noche en el bar del Claremont alguien estaba tocando «Only Make Believe» y «Where or When», como para reforzar el vago aspecto de viaje temporal de nuestra excursión.

The smile you are smiling you were smiling then,
But I can't remember where or when.

La última vez que yo había estado en el bar del Claremont había sido en 1955, con el hijo de un ranchero del condado de Mendocino. Recuerdo que yo tenía el carnet de conducir de mi compañera de habitación y de que me tomé una *crème de menthe frappé*. Treinta y ocho años más tarde, desde la tarima de la ceremonia del Día de la Fundación, eché un vistazo a la fila de asientos donde estaba sentada mi madre y vi su butaca vacía. Cuando la encontré fuera, me contó que había sido necesario marcharse. Me dijo que había pasado «algo terrible» durante el desfile académico, algo que la había hecho temer que iba a echarse a «llorar delante de todo el mundo». Al parecer había visto una pancarta que decía «Promoción de 1931» y se había dado cuenta de que al puñado de hombres que iban rezagados detrás de ella (si había alguna mujer, no lo mencionó) les costaba caminar.

La Promoción de 1931 había sido la promoción de mi padre en Berkeley.

–Eran todos viejos –me dijo mi madre de aquel puñado de excompañeros de mi padre que habían compuesto la comitiva–. Eran iguales que tu padre.

«Frank Reese "Jim" Didion –decía la nota memorial en honor a mi padre publicada en la revista de exalumnos–. 19 de diciembre, en Carmel. Natural de Sacramento, donde ejerció de inversor inmobiliario, se licenció en empresariales por la Cal y fue miembro de la Chi Phi. Lo sobreviven su esposa, Eduene, dos hijos, Joan Didion Dunne, promoción del 56, y James, del 62, y cuatro nietos, entre ellos Steven, del 88, y Lori, del 93.» Yo no le podía ofrecer ningún consuelo creíble a mi madre: ella tenía razón. Eran todos viejos y todo se había convertido en San José. Siendo como era una hija de la crónica de la travesía, dejé a mi madre con Lori, del 93, y cogí el avión nocturno de San Francisco a Kennedy, el último avión que aterrizó antes de que una tormenta que la CNN llamaba «la tormenta del Nordeste del siglo» cerrara todos los aeropuertos y autopistas al norte de Atlanta. Me acordé de ese abandono el día en que murió.

2

También me acordé de esto.

Sacramento, julio o agosto de 1971 o 1972.

Yo había llevado a Quintana –mi hija, que por entonces tenía cinco o seis años– a pasar unos días con mis padres. Como estábamos a 40 grados a las dos y a 44 antes de que se pusiera el sol, mi madre y yo decidimos llevarnos a Quintana a almorzar a algún sitio con aire acondicionado.

Mi padre no creía en el aire acondicionado.

De hecho, mi padre creía que los veranos de Sacramento eran demasiado fríos desde que habían construido los diques.

Vamos al centro, dijo mi madre. Vamos a almorzar a la Remodelación. El Viejo Sacramento. Ni siquiera has visto el Viejo Sacramento, dijo.

Le pregunté si ella había visto el Viejo Sacramento.

No exactamente, me dijo. Pero tenía muchas ganas. Lo veríamos juntas y sería una aventura.

Quintana llevaba un vestido sin mangas de color verde claro, con estampado de flores.

Mi madre le dio un sombrero de paja grande para protegerse del sol.

Fuimos en coche al centro, aparcamos y echamos a andar por lo que había sido la calle Front, cuyas vistas del Puente de la Torre constituían en gran medida la «aventura» en sí.

Las aceras de la Remodelación eran de madera para crear la atmósfera de 1850.

Quintana iba caminando por delante de nosotras.

El vestido floreado, el sombrero grande, la acera de madera, la reverberación del calor.

El bisabuelo de mi padre había tenido una cantina en la calle Front.

Estaba a punto de explicarle aquello a Quintana –la cantina, las aceras de madera, las generaciones de primos que habían caminado igual que estaba caminando ella ahora en días igual de calurosos– cuando me detuve. Quintana era adoptada. Cualesquiera fantasmas que hubiera en aquella acera de madera no eran responsabilidad de Quintana. De hecho, aquella acera de madera no representaba ningún sitio del que fuera Quintana. Los únicos lazos que tenía Quintana con aquella acera de madera estaban allí en aquel momento: mi madre y yo.

De hecho, yo no tenía más lazos con aquella acera de madera que Quintana: la acera no era más que un motivo temático, un efecto decorativo.

Lo único real era Quintana.

Más tarde me parecería que aquel había sido el momento en que todo –la travesía, la redención, los baúles de palisandro abandonados, la cubertería perdida, los ríos que yo había escrito para reemplazar a los ríos que había dejado atrás, las doce generaciones de predicadores ambulantes y sheriffs del condado y combatientes contra los indios y abogados rurales y lectores de la Biblia, los doscientos años de talar bosques en Virginia y Kentucky y Tennessee y luego la fuga, el sueño de América, todo el hechizo bajo el que yo había vivido mi vida– empezó a parecer remoto.

3

La tarde después del funeral de mi madre mi hermano y yo repartimos los pocos muebles que le quedaban entre los nietos de ella: los tres hijos de mi hermano y Quintana. No quedaba gran cosa: durante los últimos años mi madre se había dedicado a ir regalando sistemáticamente lo que tenía, devolviendo regalos de Navidad y abandonando pertenencias. No recuerdo qué se quedaron los primos de Quintana, Kelley, Steven y Lori. Sí que recuerdo lo que se quedó Quintana, porque llevo viendo esos muebles desde entonces en su apartamento de Nueva York. Había una mesa victoriana ovalada con tablero de mármol que había llegado a mi madre procedente de alguna parte de la familia, ya no recuerdo de cuál. Había un baúl de madera de teca labrada que había estado en el dormitorio de mis padres durante mi infancia. Había una mesilla de bordes labrados procedente de mi abuela. Había, entre la ropa de mi madre, una capa italiana de angora que había llevado desde que se la regaló mi padre una Navidad de finales de los años cuarenta.

La verdad es que la capa de angora me la quedé yo.

La recordaba llevándola la primavera anterior, para la boda en Pebble Beach de la hija menor de mi hermano. La recordaba llevándola en mi boda, en 1964, envolviéndose en ella para ir en coche desde San Juan Bautista a la recepción de Pebble Beach.

Vino un representante de la compañía Allied.

Se etiquetaron los muebles para transportarlos.

Guardé todo lo que no quería que se tirara –cartas, fotografías, recortes, carpetas y sobres que aquel día no pude reunir tiempo ni ánimos para abrir– en una caja de gran tamaño.

Unas semanas más tarde la caja llegó a mi apartamento de Nueva York, donde se quedó en el comedor sin abrir aproximadamente un mes. Por fin la abrí. Había fotos de mí en 1936 en la playa de Carmel, fotos de mi hermano y de mí en 1946 en la playa de Stinson Beach, fotos de mi hermano, de mí y de mi conejo en la nieve de Colorado Springs. Había fotos de tías abuelas y de primos y de tatarabuelos a los que solo pudimos identificar gracias a que a nuestra madre, la noche antes de morirse, se le había ocurrido decirle sus nombres a mi hermano, que los había apuntado en la parte de atrás de los marcos. Había fotos de mi madre a los dos años visitando a mi abuela en 1912 en Oregón, había fotos de mi madre en 1943 en una barbacoa del aeródromo de Peterson, una joven de treinta y tantos con flores en el pelo y haciendo hamburguesas. Había una acuarela sin enmarcar de mi abuela. Había cartas que el hermano de mi abuelo, Jim, capitán de marina mercante igual que el padre de ella, le había mandado en 1918 desde Inglaterra, donde su buque, el *S.S. Armenia*, estaba en el dique seco en Southampton después de haber sido torpedeado. Había una serie de cartas que mi padre le había escrito a su padre en 1928, desde un trabajo de verano con una cuadrilla de albañiles en las afueras de Crescent City, en las que mi padre le preguntaba, en una carta tras otra, si por favor podía recomendarlo a un conocido que se encargaba de las contrataciones para la Feria Estatal, una súplica que por lo que sé fue en vano.

Y lo sé porque una vez quise que mi padre hiciera la misma llamada por mí.

Mi madre me había dicho que me olvidara de preguntárselo, porque «es igual que su padre, en Sacramento todo el mundo coge el teléfono para conseguirles trabajos a sus hijos en la Feria Estatal, pero tu padre y su padre no lo harán nunca, se niegan a pedir favores».

También había cartas escritas por mí, cartas que yo le había escrito a mi madre desde Berkeley, desde que empecé a ir a cursos de verano en 1952, para ganar créditos entre el instituto y la universidad, hasta que me gradué en 1956. Eran unas cartas desconcertantes en muchos sentidos, incluso desalentadoras, pues por un lado me reconocía a mí misma y por el otro no. «Nunca había estado tan deprimida como cuando volví aquí el domingo por la noche –decía una de las primeras cartas, de verano de 1952–. No paro de pensar en Sacramento y en qué estará haciendo la gente. Me ha llegado una carta de Nancy, ella también echa de menos Sacramento. Han visto *El rey y yo*, *Where's Charley*, *Ellos y ellas* y *Pal Joey*. Mientras estaban allí, una mujer se suicidó tirándose por una ventana de delante del Waldorf. Nancy me ha contado que fue terrible, que tuvieron que limpiar la calle con mangueras.»

Nancy era mi mejor amiga de Sacramento, que estaba viajando con sus padres (esto es solo una conjetura, aunque informada, porque en otra carta a mi madre menciono que tuve «noticias de Nancy, que está en el Greenbrier y aburridísima») antes de empezar en Stanford.

Nancy y yo nos conocíamos desde los cinco años, cuando habíamos estado en la misma clase de ballet en la escuela de danza de la señorita Marion Hall de Sacramento.

De hecho, en la caja procedente de casa de mi madre había el programa de un recital de aquella misma clase de ballet: «Joan Didion y Nancy Kennedy –decía el programa–. "Les Petites"». En la caja también había muchas fotografías de Nancy y de mí: haciendo de modelos de ropa infantil en un desfile de moda benéfico, vestidas con corsés idénticos en un baile del instituto, de pie en el césped de delante de la casa de Nancy el día de su boda, Nancy con un vestido blanco abullonado y las damas de honor con vestidos de organdí verde claro, todas sonriendo.

La última vez que vi a Nancy fue en el club Outrigger Canoe de Honolulu, durante la Navidad de la crisis de los rehenes de Irán. Estaba en la mesa de al lado, cenando con su marido y sus hijos. Reían y discutían y se interrumpían igual que sus hermanos y sus padres y ella se habían reído y discutido e interrumpido a finales de los años cuarenta y principios de los cincuenta, cuando yo cenaba en su casa dos o tres veces por semana.

Nos dimos un beso, tomamos una copa juntas y nos prometimos que estaríamos en contacto.

Al cabo de unos meses Nancy moría, de cáncer, en el hospital Lenox Hill de Nueva York.

Le mandé el programa del recital al hermano de Nancy, para que se lo reenviara a la hija de Nancy.

Hice enmarcar la acuarela de mi abuela y se la mandé a la siguiente en edad de sus tres nietas, mi prima Brenda, que vivía en Sacramento.

Cerré la caja y la metí en un armario.

No hay ninguna forma real de lidiar con todo lo que perdemos.

Cuando murió mi padre, seguí con mi vida. Cuando murió mi madre, no pude. La última vez que la vi fue ocho semanas antes de que se muriera. Había estado en el hospital, mi hermano y yo la habíamos llevado a casa y habíamos organizado el tema del oxígeno y los turnos de las enfermeras, habíamos rellenado las recetas de la morfina y del Ativan. La mañana en que Quintana y yo nos teníamos que marchar a Nueva York, mi madre insistió en que le lleváramos una caja metálica pintada que tenía en una mesilla de su dormitorio, una caja en la que guardaba documentos que pensaba que podían tener importancia, por ejemplo una copia de la escritura de una mina de oro del condado de El Dorado que su hermana y ella habían heredado de su padre y de la que ya no eran dueñas. Mi hermano le dijo a nuestra madre que ya no necesitaba la caja, que él ya había sacado todos los documentos que todavía tenían alguna utilidad y los había guardado en un lugar seguro. Pero ella insistió. Quería la caja metálica. Quintana trajo la caja y la dejó sobre la cama. Mi madre sacó de ella dos piezas de cubertería de plata, un cucharón y una cuchara de servir pequeña, ambas envueltas en pedazos de papel de seda reutilizados y alisados. Le dio la cuchara de servir a Quintana y el cucharón a mí. Protesté: ya me había dado toda su cubertería, ya tenía cucharones, ya me había dado cucharones. «Pero este no», me dijo. Señaló la curvatura del mango. Parecía que mi madre tenía lo que ella llamaba un «cariño especial» a la curvatura del mango de aquel cucharón en particular. Parecía que aquel cucharón le resultaba tan agradable al tacto que lo había apartado y lo había guardado. Le dije que, si le daba placer, debería seguir teniéndolo. «Quédatelo —me dijo con voz apremiante—. No quiero que se pierda.» Yo todavía seguía fingiendo que ella iba a conseguir cruzar la Sierra antes de que llegaran las nieves. Pero no lo conseguiría.

Papel certificado por el Forest Stewardship Council®